AF391023

ECOLE
DE LA
MIGNATURE,

DANS LAQUELLE ON PEUT aisément apprendre à peindre sans Maître.

AVEC

LE SECRET DE FAIRE LES PLUS BELLES COULEURS; L'OR BRUNI & L'OR EN COQUILLE.

Nouvelle Edition, augmentée.

A LYON,

Chez FRANÇOIS DU CHESNE,
Marchand Libraire.

M. DC. LXXIX.

AVEC PRIVILEGE DU ROY.

A MADEMOISELLE

MADEMOISELLE

FOUCQUET.

MADEMOISELLE,

Comme je sçai que vous imitez les grands & rares Exemples de Madame votre Mere, sans négliger les moindres, je suis persuadé que vous tenez d'Elle jusqu'au talent & à l'inclination de peindre en Mignature. C'est ce qui me fait esperer que ce petit Livre ne vous sera point désagréable, quoique vous n'ayez pas besoin des facilités qu'il donne pour cet Art ; dans lequel vous pourrez, quand il vous plaira, vous perfectionner par les premiers Peintres du monde, qui sont trop vos serviteurs pour ne s'estimer pas heureux d'être vos Maîtres. L'on trouvera, sans doute, que je suis bien habile, ou bien hardi, & peut-être tous les deux ensemble, de donner à un si petit Traité le plus grand Ornement que les meilleurs Auteurs pourroient souhai-

ter à leurs Ouvrages ; je veux dire, MADEMOISELLE, l'honneur de paroître au jour sous votre Protection. J'aurai trouvé par-là le secret de tromper l'Esprit, comme la Peinture trompe les yeux : Car je ne doute point que ceux qui verront ici votre Nom ne conçoivent une haute idée de mon Livre, & qu'ils ne le prennent pour ce qu'il n'est pas. Mais enfin, tel qu'il est, MADEMOISELLE, j'ose prendre la liberté de vous l'offrir ; non pas comme un présent, car les gens de ma sorte n'en font point aux Personnes de votre qualité ; mais comme un tribut & une dette que je vous paye. En effet, MADEMOISELLE, c'est une chose que je ne pourrois distraire de votre illustre Maison sans commettre une espece de larcin, lui appartenant comme je fais. J'ai eu l'honneur d'y être élevé dès mes premieres années ; & j'ose me promettre celui d'y finir mes jours avec tant de fidélité & de soumission, que je me rendrai par-là moins indigne de l'attachement & du profond respect, avec lequel je suis,

MADEMOISELLE,

Votre très-humble, très-obéissant & très-obligé serviteur, C. B.

AU LECTEUR.

AF IN de prévenir le cha-
grin qu'auroient peut-
être contre moi les sçavans
Peintres qui pourroient s'enga-
ger en la lecture de ce petit af-
semblage d'avis ; le premier
que je donne, c'est que je ne
l'ai pas fait pour eux, mais bien
pour ceux qui font encore ce
que les Ances, les Guerniers
& les Besnards ont été quelquefois en leur vie, je veux dire Apprentifs : avec cette différence néanmoins, que ceux-
là étoient élevés par de sçavans
Maîtres, & que plusieurs de
ceux-ci n'en ont point du tout ;
comme des Religieuses, qui,
bien souvent, n'ont pas cette
commodité ; non plus que des

Perſonnes de qualité qui veulent couler quelques heures du jour dans ce louable Exercice, particuliérement à la Campagne, où l'on ne peut guéres ſe donner d'emploi plus honnête, ni plus agréable que celui-là, & où il n'eſt pas ſi aiſé de trouver des Maîtres que d'avoir un Livre : en un mot, en tous lieux & en toutes conditions, il y a beaucoup de perſonnes qui ont plus d'inclination pour cet Art, que de moyen de le cultiver. J'en citerai un exemple, qui m'a donné lieu de rendre communes à tous les inſtructions qui étoient particuliéres pour quelques Perſonnes de qualité à qui j'eus l'honneur de montrer il y a deux ou trois ans, mais trop peu pour les rendre ſçavantes ; car je fus obligé de les quitter, ſans qu'elles quittâſſent pourtant la volonté d'ap-

prendre. Elles continuerent
donc à peindre, me propofant
leurs difficultés par écrit; j'y
répondois de même, le plus
clairement qu'il fe pouvoit; &
il eft vrai que cette maniére de
les inftruire réuffit avec tant de
bonheur, qu'elles travaillent
mieux à préfent que beaucoup
d'autres qui travaillent fort
bien. Et comme elles fçavent
par expérience l'utilité de ces
enfeignemens, fort minces à
la vérité, mais très-exacts &
très-intelligibles, elles ont vou-
lu abfolument que je les don-
nâffe au Public, m'affurant
qu'ils en devoient être bien re-
çûs, & que, pour peu qu'on
eût d'intelligence de la Peinture, ou même d'inclination
fans intelligence, on pouvoit
très-facilement apprendre avec
ce Livre, qui commence pour
ainfi dire par l'A B C de la Mi-

gnature ; car j'y marque jusques
aux moindres circonſtances.
Ceux qui en ont l'uſage & qui
les ſçavent déja, ſont en liberté de ne les pas lire ; & ceux
qui les ignorent ſeront bien-
aiſes de les apprendre. Enfin
cette maniére de particulariſer
ainſi les choſes, convenoit au
deſſein que j'ai d'inſtruire les
Perſonnes qui n'ont que peu,
ou point du tout de commencement, & qui ſans doute n'en
apprendroient guéres, ſi l'on
débuttoit par leur faire la défi-
nition, & leur traiter de cet
Art, auſſi ſçavamment que Vin-
cy, du Freſnoy, &c. ; car ce
ſeroit bien le moyen de leur en
faire connoître les beautés,
mais non pas de leur en donner la pratique ; & c'eſt comme
qui voudroit apprendre l'Ita-
lien à un Anglois en le parlant
fort élégamment devant lui,

fans le lui expliquer & fans l'enfeigner par les regles. Au refte, je n'en garde point d'autre dans ce Livre que celle que je me fuis prefcrite, de dire tout ce que je fçai de la Mignature, même jufques à la maniére de faire les couleurs les plus fines. C'eft un Secret que l'on a tiré d'un des plus grands Peintres d'Italie ; & pour l'avoir, il fallut employer le crédit & toute l'adreffe d'une Perfonne de la premiere qualité chez qui il travailloit ; encore ne le donna-t'il que fous le ferment qu'on lui fit de ne le communiquer à qui que ce fût. En effet, c'eft une affez grande commodité de pouvoir faire foi-même, & à peu de frais, ce qui coûte cent francs & cinquante écus l'once. Un plus intéreffé que moi en garderoit le fecret pour lui feul. Mais com-

me je ne l'ai point sçû avec
obligation de le taire ; & que
d'ailleurs je n'ai, graces à Dieu,
ni envie ni besoin, de faire ma
fortune en Peinture, j'en donne ce moyen sans regret & sans
scrupule à qui s'en voudra servir : & je le fais d'autant plus
volontiers, que l'Art de peindre est celui des honnêtes gens ;
& qu'ainsi j'ai sujet d'espérer
qu'il y en aura plus de ceux-là,
que d'autres, qui jouiront du
fruit de mon travail, aussi-bien
que plusieurs Personnes Religieuses, ausquelles je serai très-
aise d'avoir pû rendre quelque
agréable service, dont je me
tiendrai bien payé, si elles ont
la bonté de m'obtenir de Dieu
la grace de peindre son Image
& ses Vertus dans mon cœur,
avec des traits de charité qui
ne s'effacent jamais.

J'ai encore ajouté à ce petit

Traité la véritable méthode de faire l'Or en Coquille, & l Or bruni pour des Bordures. Et bien que cela ne soit pas une dépendance de la Mignature, c'en est toutefois un ornement ; & en tout cas , le sçavoir faire, est une chose qui peut servir & qui ne peut nuire.

A M^R. B.
SUR SON LIVRE.

L'On ne sçauroit donner d'éloge
A l'Ouvrage de notre Auteur,
Qui ne cede & qui ne déroge
De ce qu'on doit à son labeur.
C'est un Docteur en Mignature,
Un Maître sçavant en Peinture.
L'on ne sçauroit le surpasser.
Je tiens qu'on ne peut mieux instruire,
A moins que de recommencer ;
Et sans le faire aussi je ne sçaurois mieux dire.

M. D. M.

AU MÊME.

L'Auteur, de ce Livre a fait voir
Son esprit bienfaisant, autant que son sça-
voir :
Car ses obligeans soins nous font justement
dire,
Et sans flatterie & sans fard,
Qu'il a trouvé dans ce bel Art
Un nouvel Art de nous instruire.
Il sçait au moindre avis le plus grand allier.
Avec les Ecoliers, Ecolier il veut être :
Mais, pour faire ainsi l'Ecolier,
Il faut qu'il soit un sçavant Maître.

V. C.

ECOLE

DE LA
MIGNATURE
EN GENERAL.

CHAPITRE PREMIER.

JE N'ENTREPRENS point de faire ici l'éloge de la Peinture : plusieurs sçavans Hommes, qui ont si heureusement traité de l'excellence & de la noblesse de ce bel Art, ont travaillé pour moi ; puisque ce qu'ils en ont dit en général convient aussi en particulier à la Mignature. J'ajouterai seulement en peu de mots ce qui la

A

diftingue d'avec l'autre Peinture.

C'eft premiérement qu'elle
eft plus délicate ; qu'elle veut
être regardée de près ; qu'on ne
la peut faire aifément qu'en petit.

Que l'on ne travaille que fur
du vélin, ou fur des tablettes :
Et que les couleurs ne font
détrempées qu'avec de l'eau
gommée.

Pour y réuffir , il faudroit
fçavoir parfaitement deffiner.
Mais comme la plupart des
gens qui s'en mêlent le fçavent
peu , ou point du tout, & qu'ils
veulent avoir le plaifir de peindre fans fe donner la fatigue
d'apprendre le deffein, qui eft
en effet un Art dans lequel on
ne devient fçavant qu'avec
beaucoup de tems , & que par
un continuel exercice ; on a
trouvé des inventions pour y

fuppléer , par le moyen def-
quelles on deffein fans avoir appris le deffien.

CHAPITRE II.

La premiére s'appelle Calquer ; c'eft-à-dire , que fi l'on
veut faire en Mignature une
Eftampe , ou un Deffein , il faudra noircir le deffous , ou un
autre papier avec du crayon
noir, en le frottant bien fort
avec le doigt enveloppé d'un
linge , prenant garde de ne pas
falir le vélin, lequel on attache-
ra avec quatre épingles , pour
empêcher qu'il ne change de
place ; puis , avec une épingle ,
ou une éguille , dont la pointe
fera émouffée , on paffera par-
deffus tous les principaux traits,
les contours , les plis des Drap-
peries , & généralement tout
ce qu'il faut diftinguer l'un d'a-
vec l'autre, appuyant affez pour

que les traits foient marqués
fur le vélin qui fera deffous.

CHAPITRE III.

La réduction au petit pied
eft une autre maniére propre
pour ceux qui fçavent un peu
deffiner, & qui veulent copier quelques Tableaux que
l'on ne fçauroit calquer. Elle
fe fait ainfi : On divife fa piéce
en plufieurs parties égales, par
petits carreaux, que l'on marque avec du fufin, ou, fi le Tableau eft brun, avec de la craye
blanche ; après quoi l'on en fait
autant, & de pareille grandeur,
fur du papier blanc, où il faut
le deffiner ; parce que fi l'on
le faifoit d'abord fur le vélin,
comme on ne réuffit pas tout
d'un coup, on le faliroit par de
faux traits : mais lorfqu'il eft au
net fur le papier, on le calque,
comme j'ai dit ci-deffus. Quand

l'original & le papier font ainſi réglés, on regarde ce qui eſt dans chaque carreau du premier, comme une Tête, un Bras, une Main, & le reſte. On le met ſur ſon papier de même : de cette ſorte on trouve où placer toutes ſes parties ; & il ne reſte plus qu'à les bien former & les joindre enſemble. On peut auſſi de cette maniére réduire une piéce en auſſi petit, ou la mettre en auſſi grand que l'on voudra, faiſant les carreaux de ſon papier plus petits, ou plus grands ; mais il faut toujours que le nombre en ſoit égal.

CHAPITRE IV.

Pour copier un Tableau, ou autre choſe de même grandeur, on peut encore ſe ſervir d'un papier huilé & ſec, ou d'une peau de veſſie de cochon fort

tranſparente : on en trouve chez
les batteurs d'or. Le Talc fait
auſſi le même effet ; & on
verra ce qui eſt deſſous au travers de tout cela, que l'on mar-
quera de noir avec un pinceau
ou du crayon. En l'attachant
deſſous le vélin, l'on y remar-
quera tous les traits avec une
éguille d'argent au travers d'u-
ne vitre. C'eſt encore un bon
moyen pour copier juſte un
Tableau en huile, de donner
un coup de pinceau ſur tous
les principaux traits, avec de la
laque broyée à l'huile; & d'appliquer ſur le tout un papier de
même grandeur ; puis paſſant
la main par-deſſus, les traits de
laque s'attacheront, & laiſſe-
ront le deſſein de votre piéce marqué ſur le papier, que
l'on peut calquer de même
que les autres. Il faut ſe ſou-
venir d'ôter, avec de la mie de

pain, ce qui fera refté de laque
fur le Tableau, avant qu'elle
foit féche.

CHAPITRE V.

Mais un moyen plus fûr &
plus facile que tous ceux-là,
pour une perfonne qui ne fçait
point deffiner ; c'eft un Compas de Mathématique. Il fe
fait d'ordinaire de dix piéces de
bois en forme de régles épaif-
fes de deux lignes, larges d'un
demi-pouce, & longues d'un
pied, ou davantage, felon que
l'on en veut tirer des piéces
plus ou moins grandes. Pour
en faciliter l'ufage, j'en mettrai
ici une figure, avec un éclair-
ciffement de la maniére dont
on s'en doit fervir.

Ce petit ais marqué d'un A,
doit être de sapin, couvert de
toile, ou de quelque autre
étoffe, parce qu'il faut attacher
dessus ce que l'on copie, & le
vélin sur quoi l'on veut copier.
L'on y plante aussi le compas
avec une grosse épingle par le
bout du premier pied B, assez
avant pour qu'il soit ferme, &
pas tant que cela l'empêche de
tourner aisément. Lorsqu'on
veut tirer du grand au petit,
l'on met son original vers le
premier pied marqué par un C,
& le vélin, ou le papier sur

quoi l'on veut deſſiner , du côté du dernier pied marqué par un B, éloignant ou approchant ſon vélin, à meſure qu'on voudra faire ou plus grand ou plus petit.

Pour tirer du petit au grand, il n'y a qu'à faire changer de place à ſon original & à ſa co-pie , mettant celle-ci vers le C, & l'autre du côté du B.

Et en l'une & en l'autre ma-niére , il faut mettre un crayon ou une éguille d'argent dans le pied ſous lequel on place ſon vélin , & une épingle un peu émouſſée dans celui de l'origi-nal , avec laquelle il faut ſuivre tous les traits , la conduiſant d'une main , & de l'autre appuyant doucement ſur le crayon , ou ſur l'éguille qui marque le vélin : quand elle porte aſſez, il n'eſt pas même beſoin d'y toucher.

L'on peut aussi tirer de grandeur égale : mais pour cela, il
faut planter le compas d'une
autre sorte sur l'ais, car il y doit
être attaché par le milieu marqué d'un D, & mettre son original & sa copie des deux côtés éloignés de ce pied du milieu de la même distance, ou
de coin en coin, c'est-à-dire,
du C à l'E, quand les piéces
sont grandes. Et l'on peut même tirer plusieurs copies à la
fois, de diverses & égales gran-
deurs.

Chapitre VI.

Volà toutes les facilités qu'on
peut donner à ceux qui n'ont
point de dessein ; car tous ceux
qui le possédent n'ont que faire
de tout cela.

Quand donc votre piéce est
marquée sur le vélin, il faut pas-
ser avec un pinceau du carmin

fort clair par-deſſus tous les traits, afin qu'ils ne puiſſent s'effacer en travaillant ; puis vous nettoyerez votre vélin avec une mie de pain, afin qu'il n'y reſte point de noir.

CHAPITRE VII.

Il faut que votre vélin ſoit colé ſur une petite planche de cuivre ou de bois, de la grandeur que vous voulez faire votre piéce, pour le tenir plus ferme & plus étendu : vous laiſſerez votre vélin plus grand d'un doigt tout-au-tour que votre planche, pour le coler par derriére ; car jamais il ne le faut coler ſous ce qu'on peint, parce qu'outre que cela lui feroit faire quelque grimace, c'eſt que ſi on le vouloit ôter, on ne le pourroit. Après cela, on en coupe les petits coins, & on le mouille avec

un linge trempé dans de l'eau,
du beau côté ; & l'on met l'autre contre la planche avec un
papier blanc entre deux ; & ce
qui déborde, on le cole fur la
planche, en tirant également
& affez fort, pour le faire bien
étendre.

CHAPITRE VIII.

Les couleurs dont on fe fert
pour peindre en Mignature,
font :

Du Carmin,
De l'Outremer,
De la Laque de Levant,
De la Laque Colombine,
Du Vermillon,
De la Mine de Plomb,
Du Brun Rouge,
De la Pierre de Fiel,
De l'Ocre de Ruë,
Du Stile de Grain,
De l'Orpin,
De la Gomme Gutte,

Du Jaune de Naples,
Du Maſſicot,
De l'Inde,
Du Noir d'Os,
Du Noir de Fumée,
Du Biſtre,
De la Terre d'Ombre,
Du Verd d'Iris,
Du Verd de Veſſie,
Du Verd de Montagne, ou
    de Terre,
Du Verd de Mer,
Du Blanc de Céruſe de Ve-
    nize.

Ces Couleurs ſe trouvent toutes broyées chez M. Foubert, ruë Grenéta, à la Cornemuſe.

Elles coûtent chacune huit ſols l'once, à la réſerve du Carmin, dont on vend le plus beau dix francs le gros. Il y en a auſſi à huit, à ſix & à quatre.

L'Outremer, ſix & huit francs le gros.

Les Laques, la Pierre de Fiel, les Verds d'Iris & de Veſſie, coûtent un peu plus de huit ſols l'once, & le blanc de Ceruſe, trois ſols.

CHAPITRE IX.

On délaye toutes ces Couleurs dans de petits godets d'ivoire, faits exprès, ou dans des coquilles de mer, avec de l'eau, dans laquelle on met de la gomme Arabique, & du ſucre Candi. Par exemple, dans un verre d'eau, il faut gros comme le pouce de gomme, & la moitié de ſucre Candi. Ce dernier empêche les couleurs de s'écailler, quand elles ſont appliquées; ce qu'elles font ordinairement quand il n'y en a pas, ou que le vélin eſt gras.

Il faut tenir cette eau gommée dans une bouteille bouchée & propre, & n'en jamais prendre avec le pinceau quand il y aura de la couleur, mais avec quelque tuyau, ou chofe femblable.

L'on met de cette eau dans la coquille avec la couleur que l'on veut détremper, & avec le doigt on la délaye jufques à ce qu'elle foit fort fine. Si elle étoit trop dure, il faudroit la laiffer amollir dans la coquille avec ladite eau, avant que de la délayer ; enfuite la laiffer fécher ; & faire ainfi de toutes, excepté les Verds d'Iris & de Veffie, & la gomme Gutte, qu'il ne faut détremper qu'avec de l'eau pure ; mais l'Outremer, la Laque & le Biftre, doivent être plus gommés que les autres couleurs.

CHAPITRE X.

Pour connoître fi les couleurs font gommées fuffifamment,

après les avoir appliquées ſur le vélin & qu'elles ſeront ſéches, vous paſſerez le doigt par-deſſus. Si elles s'y attachent comme de la poudre, c'eſt une marque qu'il n'y a pas aſſez de gomme ; & il en faudra mettre davantage dans l'eau avec laquelle vous les détrempez. Prenez garde auſſi de n'en pas trop mettre ; car cela fait extrêmement ſec & dur : on le peut connoître, parce qu'elles ſeront gluantes & luiſantes. Ainſi plus elles ſont gommées, plus elles ſont brun ; & lorſqu'on veut donner plus de force à une couleur qu'elle n'en a d'elle-même, il n'y a qu'à la gommer beaucoup.

CHAPITRE XI.

Il faut avoir une palette d'ivoire fort unie, & grande comme la main, ſur laquelle on arrange

range d'un côté les couleurs pour les Carnations de cette maniére :

On met au milieu beaucoup de blanc bien étendu, parce que c'est la couleur dont on se sert le plus : & sur le bord, on place de gauche à droite, les couleurs suivantes, un peu éloignéesdu blanc.

Du Massicot,
Du Stil de Grain,
De l'Orpin,
De l'Ocre,
Du Verd, qui est composé d'Outremer, de Stil de grain, & de Blanc, autant de l'un que de l'autre ;
Du Bleu, fait d'Outremer d'Inde & de Blanc, en forte qu'il soit pâle ;
Du Vermillon,
Du Carmin,
Du Bistre,
Et du Noir.

B

De l'autre côté de la palette,
on étend du blanc tout de même que pour les Carnations, &
lorsque l'on veut faire des Draperies, on met auprès du blanc
la couleur dont on les veut
faire, pour travailler comme je
dirai dans la suite.

CHAPITRE XII.

Il importe fort que ce soit
avec de bons pinceaux ; &
pour les bien choisir, il faut un
peu les mouiller en les tournant sur le doigt ; & si tous les
poils se tiennent assemblés &
ne font qu'une pointe, ils sont
bons : mais s'ils font plusieurs
pointes, & qu'il y en ait de plus
longs les uns que les autres,
ils ne valent rien, particuliérement pour pointiller, & surtout pour les Carnations. Quand
ils sont trop pointus, n'y ayant
que quatre ou cinq poils qui

paſſent les autres, on les émouſ-
ſe avec des cizeaux : mais il
faut prendre garde de n'en pas
trop couper ; & en avoir de deux
ou trois ſortes, dont les plus
gros ſeront pour faire les fonds,
les moyens pour ébaucher, &
les plus petits pour finir.

Pour faire aſſembler les poils
de ſon pinceau & lui faire une
bonne pointe, il faut le mettre
ſouvent ſur le bord de ſes lévres en travaillant, le ſerrant &
l'humeƈtant avec la langue,
même quand on a pris de la
couleur ; car s'il y en a trop, on
l'ôte ainſi, & il n'en demeure
que ce qu'il faut pour faire des
traits égaux & unis. L'on ne
doit pas craindre que cela faſſe
aucun mal, toutes les couleurs
à Mignature, excepté l'Orpin,
qui eſt un poiſon, n'ont ni mauvais goût, ni mauvaiſes qualités. Il faut ſur tout mettre cet-

te invention en ufage, pour pointiller, & pour finir particu-liérement les Carnations, afin que les traits foient nets, & pas trop chargés de couleur; car pour les Draperies & autres chofes, tant pour ébaucher que pour finir, on peut fe contenter d'affembler les poils de fon pin-ceau, & le décharger lorfqu'il y a trop de couleur, en le paffant fur le bord de la coquille, ou deffus le papier qu'il faut met-tre fur fon Ouvrage pour y po-fer la main, y donnant quel-ques coups auparavant que de travailler fur la piéce.

CHAPITRE XIII.

Pour bien travailler, il faut fe mettre dans une chambre où il n'y ait qu'une fenêtre, & s'en approcher fort près, ayant une table & un pupitre prefque auf-fi haut que la fenêtre, & fe pla-

cer de maniére que le jour
vienne toujours du côté gauche, & non par-devant, ni à
droit

CHAPITRE XIV.

Lorſque l'on veut coucher
quelque couleur également
forte par tout, comme un fond,
il faut faire vos mélanges dans
des coquilles, & en mettre aſſez pour ce que vous avez deſſein de peindre ; car ſi elle finit
trop tôt, il eſt très-difficile d'en
faire qui ne ſoit ou plus brune,
ou plus claire.

CHAPITRE XV.

Après avoir parlé du vélin,
des pinceaux & des couleurs,
diſons comme on les met en
œuvre. Premiérement, quand
on veut faire quelque piéce,
ſoit Carnation, ſoit Draperie,
ou autre choſe, il faut com-

mencer par ébaucher, c'eſt-à-
dire , coucher ſa couleur à
grands coups, le plus uniment
que l'on peut , comme font
ceux qui peignent en huile , &
ne lui pas donner toute la force qu'elle doit avoir pour être
achevée ; cela s'entend faire les
jours un peu plus clairs , & les
ombres moins brunes qu'elles
ne doivent être , parce qu'en
pointillant deſſus, comme il faut
faire après que l'on a ébauché ,
on fortifie toujours ſa couleur ,
qui ſeroit à la fin trop brune.

CHAPITRE XVI.

Il y a pluſieurs maniéres de
pointiller ; & chaque Peintre a
la ſienne. Les uns font des
points tout ronds ; d'autres un
peu longs ; & d'autres hachent
par petits traits , en croiſant
pluſieurs fois de tous ſens , juſ-
qu'à ce que cela paroiſſe com-

me fi l'on avoit pointillé, ou
travaillé par points. Cette derniére méthode eſt la meilleure,
la plus hardie, & la moins lon-
gue à faire. C'eſt pourquoi, je
conſeille à ceux qui voudront
peindre en Mignature de s'en
ſervir, & de s'accoutumer d'a-
bord à faire gras, moëlleux &
doux; c'eſt-à-dire, que les points
ſe perdent dans le fond ſur lequel on travaille, & qu'ils ne
paroiſſent qu'autant qu'il faut
pour que l'on voye que l'ouvrage eſt pointillé. Dur & ſec
eſt tout le contraire, & dont
il ſe faut bien garder. Cela ſe
fait en pointillant d'une couleur
beaucoup plus brune que n'eſt
le fond, & lorſque le pinceau
n'eſt pas aſſez humecté de couleur; ce qui fait paroître l'Ouvrage rude.

Attachez-vous auſſi à perdre
& à noyer vos couleurs, les

unes dans les autres, fans que
l'on en voye la féparation ; &
adouciffez vos traits avec les
couleurs qui feront des deux
côtés, de telle forte, qu'il ne
paroiffe pas que ce foit vos
traits qui les coupent & qui les
féparent. Par ce mot de coupé, j'entens une chofe qui tran-
che net, qui ne fe confond
point avec les couleurs voifi-
nes, & qu'on ne pratique guéres qu'aux liziéres des Draperies.

CHAPITRE XVII.

Quand les piéces font finies,
les rehauffer un peu, fait un bon
effet ; c'eft-à-dire, mettre fur
les jours des traits d'une couleur encore plus pâle.

CHAPITRE XVIII.

Après que les couleurs font
féches fur votre palette, ou
dans

dans vos coquilles ; pour s'en servir , on les délayera avec de l'eau ; & lorsqu'on s'apperçoit qu'elles sont dégommées, ce qui se void quand elles se détachent aisément du vélin, & qu'elles s'effacent si l'on passe quelque chose dessus , comme j'ai déja dit, on les détrempe avec de l'eau gommée , au lieu d'eau pure , jusqu'à ce qu'elles soient en bon état.

CHAPITRE XIX.

Il y a diverses sortes de fonds pour les Portraits. Les uns sont tout-à-fait bruns, composés de bistre, de terre d'Ombre, ou de terre de Cologne , avec un peu de noir & de blanc , ou de quelqu'autre couleur , selon que vous le voudrez, ou que fera le Portrait ou le Tableau que vous copierez : faites avec cela un lavis , c'est-à-dire , une couche fort légére , dans laquelle il n'y ait quaſi que de l'eau , afin d'emboire le vélin; enſuite repaſſez une autre couche plus épaiſſe , & l'étendez fort uniment à grands-coups, le plus vîte que vous pourrez, ne touchant pas deux fois, en un même endroit avant qu'il ſoit ſec , parce que le ſecond coup, emporte ce que l'on a mis au premier , particuliérement quand on appuye un peu trop le pinceau.

CHAPITRE XX.

L'on fait encore d'autres fonds bruns d'une couleur un peu verdâtre. Ceux-là ſont les plus en uſage , & les plus propres à mettre ſous toutes ſortes de Figures & de Portraits, parce qu'ils font paroître les Carnations très-belles , & ſe couchent fort aiſément, ſans qu'il foit befoin de les pointiller, comme fouvent l'on eft obligé de faire les autres, qui rarement fe font unis d'abord, au lieu qu'en ceux-ci l'on ne manque guéres de réuffir dès le premier coup. Pour les faire, vous mêlerez du noir, du ftil de grain & du blanc enfemble, plus ou moins de chaque couleur, felon que vous voudrez qu'ils foient bruns ou clairs. Vous en ferez une couche fort légére, puis une plus épaiffe, comme j'ai dit des premiers fonds. L'on en peut faire encore d'autres couleurs, fi l'on veut; mais voilà les plus ordinaires.

CHAPITRE XXI.

Quand vous peignez quelque Saint fur un de ces fonds, & que vous voulez faire une petite Gloire autour de la tête

de votre Figure, il faut mettre
en cet endroit-là la couleur
moins épaisse, ou même n'en
mettre point du tout, particuliérement où cette Gloire doit
être plus claire ; mais coucher
pour la premiére fois du blanc
& un peu d'ocre mêlés l'un
avec l'autre, assez épais ; & à
mesure que vous vous éloigne-
rez de la tête, mettre un peu
plus d'ocre ; & pour faire
mourir cette couleur avec le
fond, on hache avec le pinceau
à grands coups, & en suivant le
rond de la Gloire, tantôt de
la couleur dont elle est faite,
& tantôt de celle du fond,
mêlant un peu de blanc ou
d'ocre parmi cette derniére,
quand elle fait trop brun pour
travailler avec cela, jusques à
ce que l'un se perde dans l'autre insensiblement, & que l'on
ne voye point de séparation qui
coupe.

CHAPITRE XXII.

Pour faire un fond entier de gloire , on ébauche le plus clair , avec un peu d'ocre & de blanc, ajoutant davantage de ce premier à mesure que l'on approche des bords du Tableau ; & lorsque l'ocre n'eſt plus aſſez fort (car il faut toujours faire de plus brun en plus brun), on y mêle de la pierre de fiel & puis un peu de carmin , & enfin du biſtre. Il faut faire cette ébauche la plus douce qu'il eſt poſſible ; c'eſt-à-dire , que ces nuances ſe perdent ſans couper. Enſuite l'on pointille par deſſus des mêmes couleurs pour faire noyer le tout enſemble ; ce qui eſt aſſez long & un peu difficile, particuliérement lorſqu'il y a des nuées de gloire dans ces fonds. Il faut en fortifier les jours à mesure qu'on s'éloigne de la Figure, & finir de même que le reste en pointillant, & arrondissant les nuées, dont il faut confondre le clair avec l'obscur imperceptiblement.

CHAPITRE XXIII.

Pour un ciel de jour, on prend de l'outremer & beaucoup de blanc que l'on mêle ensemble, dont on fait une couche la plus unie que l'on peut avec un gros pinceau & à grands coups, comme les fonds, l'appliquant de plus pâle en plus pâle, à mesure que l'on descend vers l'orison, qu'il faut border avec du vermillon, ou de la mine de plomb, & du blanc de la même force que finit le ciel, & même un peu moins fort, faisant perdre ce bleu dans le rouge, que l'on achéve avec un peu de pierre de fiel & de blanc jufques fur les terraffes, fans qu'il paroiffe de féparation entre ces derniéres couleurs.

CHAPITRE XXIV.

Lorfqu'il y a des nuages dans le ciel, l'on peut épargner les endroits où ils doivent être; c'eft-à-dire, qu'il n'y faut pas mettre du bleu, mais les ébaucher (s'ils font rougeâtres) de vermillon, de pierre de fiel & de blanc, avec un peu d'inde; & s'ils font plus noirs, il faut mettre beaucoup de ce dernier, faifant les jours des uns & des autres de maficot, de vermillon & de blanc, plus ou moins de l'une ou de l'autre de ces couleurs, felon la force dont on les veut faire, ou celle de l'original que l'on copie, arrondiffant le tout en pointillant; car il eft difficile de les

C iiij

coucher bien unis en les ébauchant : & si le ciel n'est pas assez
égal , il faudra le pointiller.
L'on peut aussi ne pas épargner la place des nuages , mais
les coucher sur le fond du ciel ,
rehaussant les clairs en mettant
beaucoup de blanc , & fortifiant les ombres : cette maniére
re est la plutôt faite.

CHAPITRE XXV.

Le ciel de nuit ou d'orage se
fait avec de l'inde , du blanc &
un peu de noir mêlés ensemble,
que l'on couche comme le ciel
de jour. Il faut ajouter dans ce
mélange du vermillon ou de la
mine de plomb , pour faire les
nuages , dont les jours doivent
être de massicot, de mine de
plomb , & de blanc , tantôt plus
rouges , & tantôt plus jaunes ,
à discrétion : & lorsque c'est un
ciel d'orage , & qu'en de cer-

tains endroits on voit des clairs,
foit de bleu, foit de rouge, on
les fera comme au ciel de jour,
perdant le tout enfemble.

DES DRAPERIES.

CHAPITRE XXVI.

POUR faire une Draperie
bleuë, mettez de l'outre-
mer auprès du blanc qui eft fur
votre palette ; mêlez une partie
de l'un & de l'autre enfemble,
de telle forte qu'il foit fort pâle
& qu'il ait du corps. De ce mélange vous ferez les endroits
les plus clairs, puis vous y ajou-
terez davantage d'outremer,
pour faire ceux qui font plus
bruns, & continuerez de cette maniére, jufques aux plis
les plus enfoncés, & les ombres les plus forts, où il faudra

mettre l'outremer presque tout
pur, & tout cela en ébauchant,
c'est-à-dire, le couchant à
grands coups, faisant néanmoins le plus uni que l'on pourra, perdant les clairs & les
bruns, avec une couleur qui
ne soit pas si pâle que les jours,
ni si brune que les ombres.
L'on pointillera ensuite avec
de la même couleur dont on a
ébauché, mais tant soit peu plus
forte, afin que les points soient
marqués. Il faut que le tout se
noye l'un dans l'autre, & que
les plis ne paroissent point cou-
pés. Et lorsque l'outremer n'est
pas assez brun, pour faire les
ombres les plus fortes, quelque
gommé qu'il soit, on y mêle
de l'inde pour les finir; & quand
l'extrémité des jours n'est pas
assez claire, on les releve avec
du blanc & fort peu d'outremer.

CHAPITRE XXVII.

Une Draperie de carmin se
fait de même que la bleuë, hor-
mis qu'aux endroits les plus
bruns on met une couche de
vermillon pur avant que d'é-
baucher de carmin, que l'on
appliquera sans blanc par dessus ; & dans les ombres les plus
forts, on le gommera beaucoup : pour l'enfoncer davantage, mêlez-y un peu de bistre.

CHAPITRE XXVIII.

Il se fait aussi une Draperie
rouge, que l'on ébauche toute
de vermillon, y mêlant du blanc
pour faire les clairs, le mettant
tout pur pour les endroits plus
bruns, & ajoutant du carmin
pour les grandes ombres. L'on
finit ensuite avec les mêmes
couleurs, comme les autres
Draperies ; & quand le carmin

avec le vermillon ne fait pas
affez brun, on travaille de ce
premier tout pur, mais feulement dans le plus fort des ombres.

CHAPITRE XXIX.

Une Draperie de laque fe fait
de même que celle de carmin,
y mêlant beaucoup de blanc
aux endroits clairs, & fort peu
dans les bruns : on l'achéve de
même en pointillant; mais l'on
n'y fait point entrer de vermillon.

CHAPITRE XXX.

Les Draperies violettes fe
font auffi de cette forte : Après
avoir fait un mélange de carmin & d'outremer, mettant
toujours du blanc pour les
clairs. Si vous voulez que
votre violet foit colombin, il
faut qu'il y ait plus de car-

min que d'outremer : mais ſi vous le voulez pourpreux, mettez plus d'outremer que de carmin.

CHAPITRE XXXI.

L'on fait une Draperie couleur de chair, en commençant par mettre une couche faite de blanc, de vermillon & laque très-pâle, & faiſant les ombres avec les mêmes couleurs, y mettant moins de blanc. Il faut faire cette couleur fort tendre, parce qu'elle n'eſt propre qu'aux étoffes légéres, & même les ombres n'en doivent pas être obſcures.

CHAPITRE XXXII.

Pour faire une Draperie jaune, il faut mettre une couche de maſſicot par tout, puis une de gomme gutte par deſſus, à la réſerve des endroits les plus

clairs, où il faut laisser le mafficot pur. Enfuite on ébauche
avec de l'ocre, mêlé d'un peu
de gomme gutte & de mafficot, mettant plus ou moins de
ce dernier, felon la force des
ombres ; & lorfque ces couleurs ne font pas affez brunes,
on y ajoute de la pierre de fiel.
Et l'on travaille avec la pierre
de fiel toute pure dans les ombres les plus fortes, y mêlant du
biftre s'il eft befoin de faire encore plus brun, l'on finit avec
les mêmes couleurs que l'on a
ébauché en pointillant, & faifant perdre les clairs dans les
bruns.

CHAPITRE XXXIII.

Si vous mettez du jaune de
Naples, ou du ftil de grain, au
lieu de mafficot & de gomme
gutte, vous ferez une autre
forte de jaune.

CHAPITRE XXXIV.

La Draperie verte fe fait en mettant une couche générale de verd de montagne, avec lequel, fi on le trouve trop bleu, on mêle du maſſicot pour les jours, & de la gomme gutte pour les ombres : enfuite on ajoute à ce mélange du verd d'Iris ou de veſſie pour ombrer; & à mefure que les ombres font fortes, on met davantage de ces derniers verds & même tout purs, où il faut faire extrêmement brun. On finit des mêmes couleurs. Mettant plus de jaune ou de bleu dans fes couleurs, on fera comme on voudra des verds de différentes fortes.

CHAPITRE XXXV.

Pour faire une Draperie noire, on ébauche avec du noir &

du blanc, & l'on finit avec la
même couleur, y mettant plus
de noir à mesure que les ombres sont fortes ; & dans les plus
bruns, on y mêle de l'inde, sur
tout quand on veut qu'elle paroisse veloutée. L'on peut toujours donner de certains coups
d'une couleur plus claire pour
elever les jours, de quelque
Draperie que ce soit.

CHAPITRE XXXVI.

Pour une Draperie blanche
de laine, il faut mettre une
couche de blanc, où il y aura
tant soit peu d'ocre, d'orpin,
ou de pierre de fiel, afin qu'elle paroisse un peu jaunâtre, puis
ébaucher & finir les ombres
avec du bleu, du bistre, un peu
de noir & de blanc.

CHAPITRE XXXVII.

Le gris-blanc s'ébauche avec

du

du noir & du blanc ; & l'on finit avec de la même couleur
plus forte.

CHAPITRE XXXVIII.

Pour une Draperie Minime,
une couche de biftre, de blanc,
& un peu de brun rouge ; ombrer avec ce mélange mis plus
brun.

CHAPITRE XXXIX.

Il y a d'autres Draperies, que
l'on appelle changeantes, parce que les jours font d'une autre couleur que les ombres.
L'on s'en fert le plus fouvent
pour des vêtemens d'Anges, &
pour des perfonnes jeunes &
fveltes, des écharpes & autres
habillemens légers, qui fouf-
frent quantité de plis, & qui
doivent aller au gré du vent.
Les plus ordinaires font, la violette ; & l'on en fait de deux

fortes, l'une dont les jours font bleus, & l'autre jaunes.

CHAPITRE XL.

Pour la premiére, on met une couche d'outremer & de blanc, fort pâle fur les clairs, & l'on ombre avec du carmin, de l'outremer & du blanc, de même qu'à une Draperie toute violette. De forte qu'il n'y a que les plus grands jours qui paroiffent bleus, encore les faut-il pointiller avec du violet où il y aura beaucoup de blanc, & les faire perdre infenfible-ment dans les ombres.

CHAPITRE XLI.

L'autre fe fait en mettant fur les jours, au lieu de bleu, une couche de mafficot, faifant le refte de même qu'à l'autre, ex-cepté qu'il faut pointiller &

confondre les clairs dans les bruns avec de la gomme gutte.

CHAPITRE XLII.

Le rouge de carmin se fait comme cette derniére ; c'est-à-dire, que l'on fait les jours de massicot & les ombres de carmin : & pour faire perdre les uns dans les autres, l'on se sert de gomme gutte.

CHAPITRE XLIII.

La rouge de laque, comme celle de carmin.

CHAPITRE XLIV.

La verte de même que celle de laque, mêlant toujours du verd de montagne avec ceux d'Iris ou de vessie pour faire les ombres qui ne sont pas fort brunes.

D ij

CHAPITRE XLV.

L'on en peut faire encore de plufieurs fortes, à difcrétion, prenant garde néanmoins à l'union des couleurs non-feulement dans une étoffe, mais encore dans une grouppe de plufieurs figures, évitant, autant que le fujet le permettra, de mettre du bleu auprès du couleur de feu, du verd contre du noir, & ainfi des autres qui tranchent & dont l'union n'eft pas affez douce.

CHAPITRE XLVI.

L'on fait plufieurs autres Draperies de couleur fale, comme du brun-rouge, de biftre, d'inde, &c. & toutes de la même maniére : & d'autres de couleurs rompuës & compofées, entre lefquelles il faut toujours obferver l'accord, afin que leur mélange ne fasse rien d'âcre à la vûë. Il n'y a point de régle à donner là-dessus : il faut seulement connoître par expérience, & par l'usage, la force & l'effet de vos couleurs, & travailler sur cette connoissance.

CHAPITRE XLVII.

Les linges se font ainsi : Après en avoir dessiné les plis, comme ceux d'une Draperie, l'on met une couche de blanc par tout ; ensuite l'on ébauche & l'on finit les ombres avec un mélange d'outremer, de noir & de blanc, plus ou moins de ce dernier, selon qu'ils sont tendres ; & dans les enfoncemens les plus bruns, on y met un peu de bistre mêlé avec du blanc, donnant seulement quelques coups, que l'on fait perdre avec le reste.

CHAPITRE XLVIII.

On les peut faire d'une autre maniére, en faisant une couche générale de ce mélange d'outremer, de noir & de blanc fort pâle, en ébauchant, comme j'ai dit ci-dessus, avec la même couleur, mais un peu plus forte. Et quand les ombres sont pointillées & finies, on releve les jours avec du blanc tout pur, le faisant perdre avec le fond du linge. Mais de quelque sorte qu'on les fasse, il faut, lorsqu'ils sont achevés, y faire quelques teintes jaunâtres d'orpin, & de blanc en de certains endroits, les couchant légérement & comme une eau, en sorte que ce qui est dessous ne laisse pas de paroître, tant les ombres que le pointillage.

CHAPITRE XLIX.

L'on fait les linges jaunes en mettant une couche de blanc mêlé avec un peu d'ocre ; ensuite l'on ébauche & l'on finit les ombres de biſtre mêlé avec du blanc & de l'ocre ; & dans le fort des ombres, du biſtre pur ; & avant que de finir, on fait des teintes par-ci-par-là d'ocre & de blanc, & d'autres de blanc & d'outremer, tant ſur les ombres que ſur les clairs ; & l'on fait perdre le tout enſemble en pointillant ; ce qui fait un bel effet. En finiſſant, on rehauſſe l'extrémité des jours avec du maſſicot & du blanc. On peut mettre à ceux - là, auſſi - bien qu'aux blancs, de certaines barres d'eſpace en eſpace, comme à ces écharpes d'Egyptienne, c'eſt-à-dire, de petites rayes bleuës & rouges d'outremer &

de carmin, une rouge entre deux bleuës. L'on coëffe affez ordinairement les Vierges de ces fortes de voiles. L'on en fait auffi des écharpes autour des gorges ouvertes, parce qu'elles fiéent fort bien au tein, & que les couleurs pétillantes fur une Carnation, en font mourir la vivacité.

CHAPITRE L.

Quand on veut que les uns & les autres foient tranfparens, & que l'étoffe ou autre chofe qui fera deffous, paroiffe au travers, il faut mêler dans la couleur à ombrer, un peu de celle qui fera deffous, particuliérement fur la fin des ombres, & ne faire que l'extrémité des jours (feulement pour les jaunes) de mafficot & de blanc; & pour les blancs, de blanc tout pur.

CHAPITRE

CHAPITRE LI.

Quand on veut tabizer une étoffe, il faut faire des ondes dessus avec une couleur un peu plus claire.

CHAPITRE LII.

Il y a une maniére de toucher les Draperies qui distingue celles de soye d'avec celles de laine : celles-ci sont plus terrestres & plus sensibles; celles-là plus légéres & plus fuyantes : mais il faut remarquer que c'est un effet qui dépend en partie de l'étoffe, & en partie de la couleur; & pour les employer d'une maniére convenable aux sujets & aux éloignemens, je dirai ici un mot de leurs différentes qualités.

CHAPITRE LIII.

Nous n'avons point de couleur qui participe davantage de la lumiére, ni qui ſoit plus approchante de l'air que le blanc; ce qui fait voir qu'elle eſt légére & fuyante. L'on peut néanmoins la retenir ſur le devant, & la faire approcher par quelqu'autre couleur voiſine plus peſante & ſenſible, ou en les mêlant enſemble.

CHAPITRE LIV.

Le bleu eſt la couleur la plus fuyante; & nous voyons auſſi que le ciel & les lointains ſont de cette couleur; mais elle deviendra d'autant plus légére, qu'elle ſera mêlée avec du blanc.

CHAPITRE LV.

Le noir tout pur eſt la couleur la plus peſante & la plus terreſtre de toutes; & plus vous en mêlerez avec les autres, plus vous les rendrez approchantes.

Néanmoins les différentes difpofitions du blanc & du noir en rendent auffi les effets dif-férens ; car fouvent le blanc fait fuir le noir, & le noir fait ap-procher le blanc, comme aux reflets des globes qu'on veut arrondir, & autres figures où il y a toujours des parties fuyan-tes qui trompent la vûë par l'ar-tifice de l'art; & fous le blanc font ici comprifes toutes les couleurs légéres, comme fous le noir toutes les couleurs pe-fantes.

L'outremer eft donc une cou-leur douce & légére.

L'ocre ne l'eft pas tant.

Le mafficot eft fort léger & le verd de montagne.

Le vermillon & le carmin approchent.

L'orpin & la gomme gut-te, un peu moins.

E ij

La laque tient un certain milieu plus doux que rude.

Le ftil de grain eft une couleur indifférente, qui prend aifément la qualité des autres. Ainfi vous la rendrez terreftre en la mêlant avec les couleurs qui le font ; & au contraire des plus fuyantes, en la joignant avec le blanc ou le bleu.

Le brun-rouge, la terre d'ombre, les verds bruns & le biftre font les plus pefantes & les plus terreftres après le noir.

CHAPITRE LVI.

Les habiles Peintres, qui entendent la perfpective & l'harmonie des couleurs, obfervent toujours de placer les couleurs fenfibles & brunes fur le devant de leurs Tableaux, & les claires & les fuyantes pour les lointains ; & quant à l'union des couleurs, les différens mélan-

ges qu'on en peut faire appren-
dront l'amitié ou l'antipatie
qu'elles ont enfemble ; & fur
cela , vous prendrez vos me-
fures pour les placer avec un
accord qui plaife à la vûë.

CHAPITRE LVII.

Pour faire des dentelles, points
de France & autres, on met par
tout une couche de bleu, de
noir & de blanc, comme aux
linges ; puis on releve les fleu-
rons avec du blanc pur ; enfuite
on fait les ombres par deffus
avec de la premiére couleur.

CHAPITRE LVIII.

Si vous voulez peindre quelque fourrure , il faut ébaucher,
comme une Draperie. Si elle
eft brune , de biftre & de blanc,
faifant les ombres de même
couleur , avec moins de blanc.
Si elle eft blanche , avec du

bleu, du blanc & un peu de bistre. Et lorsque votre ébauche est faite, au lieu de pointiller, il faut tirer de petits traits, en tournant tantôt d'une façon & tantôt d'une autre, du sens que va le poil. L'on releve les jours de la brune avec de l'ocre & du blanc, & de l'autre avec du blanc & un peu de bleu.

CHAPITRE LIX.

Pour faire une architecture, si c'est de pierre, on prend de l'inde, du bistre & du blanc; l'on en fait l'ébauche; & pour l'ombrer, on met moins de ce dernier, & plus de bistre que d'inde, selon la couleur des pierres que l'on veut faire. On y peut mêler aussi de l'ocre pour ébaucher & pour finir. Mais pour la faire plus belle, il faut par-ci-par-là, surtout quand c'est de vieilles mazures, faire

des teintes jaunes & bleuës
d'ocre & d'outremer , y mêlant toujours du blanc, foit
avant que d'ébaucher, pourvû
qu'elles paroiffent au travers
de l'ébauche ; foit par deffus ,
en les faifant perdre avec le
refte lorfqu'on finit.

CHAPITRE LX.

Quand l'architecture eft de
bois , comme il y en a de plufieurs fortes , on la fait à difcrétion ; mais la plus ordinaire eft
d'ébaucher avec de l'ocre , du
biftre & du blanc , & finir fans
blanc , ou fort peu ; & fi les
ombres font fortes, avec du biftre pur. En d'autres , on y ajoute tantôt du vermillon , tantôt
du verd , ou du noir , en un mot
felon la couleur qu'on lui veut
donner ; & l'on finit en pointillant , comme les Draperies &
tout le refte.

E iiij

DES CARNATIONS.

CHAPITRE LXI.

IL y a dans les Carnations tant de différens coloris, qu'il seroit mal aisé de donner sur des sujets si particuliers, des régles générales. Aussi n'en garde-t'on point, quand on a acquis par l'usage l'habitude de travailler aisément; & ceux qui sont arrivés à ce dégré, s'attachent à copier leurs originaux, ou bien ils travaillent sur leurs idées, sans sçavoir comment; de sorte que les plus habiles qui le font avec moins de réflexion & de peine que les autres, en auront aussi davantage à rendre raison de leur doctrine en fait de Peinture, si on leur demandoit de quelles couleurs ils se servent pour faire un tel

ou un tel coloris, une teinte ici
& là une autre.

Cependant comme les com-
mençans, à qui je deſtine ce
petit Ouvrage, ont beſoin de
quelque inſtruction d'abord, je
dirai ici en général de quelle
maniére il faut faire diverſes
Carnations.

Chapitre LXII.

Premiérement, après avoir
deſſiné ſa figure avec du carmin, & ordonné ſa piéce, l'on
applique pour les femmes, les
enfans, & généralement pour
tous les coloris tendres, une
couche de blanc, mêlé avec
un peu de ce bleu fait pour les
viſages, dont j'ai dit la compo-
ſition ; mais qu'il ne paroiſſe
quaſi pas.

Chapitre LXIII.

Et pour les hommes, au lieu

de bleu, on met dans cette premiére couche un peu de vermillon ; & lorsqu'ils sont vieux,
on y mêle de l'ocre.

Chapitre LXIV.

Ensuite on recherche tous
les traits avec du vermillon, du
carmin & du blanc mêlés ensemble ; & l'on ébauche toutes
les ombres de ce mélange,
ajoutant du blanc à proportion
qu'ils sont foibles, & n'en mettant guéres aux plus bruns, &
quasi point dans de certains endroits, où il faut donner des
coups forts. Par exemple, dans
le coin des yeux, sous le nez,
aux oreilles, sous le menton,
dans la séparation des doigts,
dans toutes les jointures, au
coin des ongles, & généralement par tout où l'on veut marquer quelque séparation, dont
les ombres doivent être ob-

ſeurs ; & il ne faut point craindre de leur donner toute la force qu'on peut dès la premiere
ébauche, parce qu'en travaillant deſſus avec du verd, il af-
foiblit toujours le carmin.

CHAPITRE LXV.

Après avoir ébauché de rouge, l'on fait des teintes bleuës
avec de l'outremer & beaucoup de blanc, ſur les parties
qui fuyent, c'eſt-à-dire, ſur les
tempes, au-deſſous & aux coins
des yeux, aux deux côtés de la
bouche, deſſus & deſſous, un
peu ſur le milieu du front, entre le nez & les yeux, au col,
& autres endroits où la chair
a je ne ſçai quel œil bleu.

L'on fait encore des teintes
jaunâtres avec de l'ocre, ou de
l'orpin, & un peu de vermillon, mêlé de blanc au-deſſus
des ſourcis, aux côtés du nez

vers le bas ; un peu au-deſſous des jouës, & ſur les autres parties qui approchent.

C'eſt particuliérement pour ces teintes qu'il faut obſerver le naturel, afin de le prendre ; car la Peinture étant une imitation de la Nature, la perfection de l'Art conſiſte en la juſteſſe & en la naïveté de cette repréſentation, ſur tout pour le Portrait.

CHAPITRE LXVI.

Lorſque vous avez donc fait votre premiére couche, votre ébauche & vos teintes, il faut travailler ſur les ombres en pointillant avec du verd pour les Carnations, en y mêlant, ſelon la régle que j'en ai donnée pour les teintes, un peu de bleu pour les parties fuyantes, & au contraire faiſant un peu plus jaune pour celles qui font plus fenfibles, c'eft-à-dire, qui approchent : & dans la fin des ombres, du côté du clair, il faut confondre fa couleur imperceptiblement dans le fond de la Carnation avec du bleu & puis du rouge, felon les endroits où l'on peint : que fi ce mélange de verd ne fait pas affez brun, il faut repaffer fur les ombres plufieurs fois, tantôt de rouge, tantôt de verd, & toujours en pointillant, jufques à ce qu'il foit fait.

CHAPITRE LXVII.

Et lorfqu'on ne peut avec ces couleurs, donner aux ombres toute la force qu'ils doivent avoir, l'on finit dans le plus obfcur avec du biftre mêlé d'orpin, d'ocre ou de vermillon, & quelquefois tout pur, felon le coloris que vous voulez faire.

CHAPITRE LXVIII.

Il faut pointiller fur les clairs avec un peu de vermillon, ou du carmin mêlé de blanc, & tant foit peu d'ocre, pour faire mourir les teintes les unes dans les autres; & prenez garde, en pointillant, de faire que vos traits fuivent le contour des chairs; car bien qu'il faille croifer en tous fens, celui-là doit paroître un peu davantage, parce qu'il arrondit les parties.

Et lorfque ce mélange fait un coloris trop rouge, on travaille par tout pour confondre les teintes & adoucir les traits avec du bleu fort pâle, dans lequel on peut mettre un peu de verd, prenant garde néanmoins de ne pas travailler de cette couleur fur les jouës, non plus que de l'autre fur l'ex-

trémité des clairs de votre Ouvrage, qu'il faut laisser avec
tout le jour, comme le menton, le nez, & de certains endroits du front. Les jouës &
le menton doivent néanmoins
être plus rouges que le reste,
aussi-bien que les pieds & le
dedans des mains.

CHAPITRE LXIX.

Les prunelles des yeux se
font avec ce mélange d'outremer & de blanc, y faisant entrer un peu de bistre, si elles
sont grises. On les ombre avec
de l'inde, du bistre ou du noir,
selon la couleur dont elles sont,
donnant aux unes & aux autres un petit coup de vermillon pur à l'entour du rond qui
est dedans la prunelle, que l'on
fait perdre avec le reste en finissant ; cela donne de la vivacité à l'œil.

Il faut ombrer le blanc des yeux avec de ce même bleu & un peu de couleur de chair, & faire les coins du côté du nez avec du vermillon & du blanc, y donnant quelque coups de carmin. L'on adoucit tout cela avec ce mélange de vermillon, de carmin, de blanc, & tant soit peu d'ocre, plus tendre que fort.

On fait de biſtre & de carmin le tour des yeux, c'eſt-à-dire, les fentes & paupiéres, quand elles ſont fortes, particuliére-ment celles de deſſus, qu'il faut enſuite adoucir avec un peu de vermillon & de blanc, ou du bleu, afin qu'elles ſe perdent, & que rien ne paroiſſe coupé.

Quand il eſt fait, l'on don-ne un petit coup de blanc tout pur ſur le noir de la prunelle, du côté du jour; ce point fait briller l'œil, & lui donne la vie,

L'on

L'on peut auſſi relever le blanc de l'œil en quelques endroits.

CHAPITRE LXX.

La bouche s'ébauche de vermillon mêlé de blanc, & ſe finit de carmin, que l'on adoucit comme le reſte ; & lorſque le carmin ne fait pas aſſez brun, on y mêle du biſtre ; cela s'entend pour les coins , dans la ſéparation des lévres , & particuliérement à de certaines bouches entr'ouvertes.

CHAPITRE LXXI.

Les mains & tout le reſte d'une Carnation ſe font de même que les viſages , en obſervant que le bout des doigts ſoit un peu plus rouge que le reſte. Après que les ombres ſont ébauchées & pointillées, il faut marquer toutes les ſépara-

F

tions avec un peu de **carmin**
& d'orpin mis **enfemble**.

CHAPITRE LXXII.

Les fourcis & la barbe s'é-
bauchent comme les ombres
des Carnations, & fe finiffent
avec du biftre, de l'ocre, ou
du noir, les tirant par petits
traits comme ils doivent aller,
c'eft-à-dire, qu'il faut leur donner le tour naturel du poil.

CHAPITRE LXXIII.

Pour les cheveux, l'on fait
une couche de biftre, d'ocre &
de blanc, & un peu de vermillon ; & quand ils font fort
bruns, il faut du noir au lieu
d'ocre ; enfuite on ébauche les
ombres avec les mêmes couleurs, y mettant moins de
blanc ; & l'on finit avec du biftre pur, ou mêlé avec de l'o-
cre ou du noir par petits traits

fort déliés & proche les uns des autres, les faisant aller par ondes & par boucles selon la frisure des cheveux. Il faut aussi relever les clairs par petits traits avec de l'ocre, ou de l'orpin, du blanc & un peu de vermillon; après quoi l'on fait perdre les jours dans les ombres en travaillant.

Et pour les cheveux qui sont autour du front, au travers desquels on voit la chair, il les faut ébaucher avec de la couleur des Carnations, ombrant & travaillant dessous, comme si l'on n'en vouloit point faire ; puis on les forme & finit avec du bistre.

L'on ébauche les cheveux gris avec du blanc, du noir & du bistre, & on les finit de la même couleur, mais plus forte, rehaussant le clair des cheveux, aussi-bien que celui des

fourcis & de la barbe, avec du
blanc & du bleu fort pâle, après
les avoir ébauchés comme les
autres avec une couleur de
chair, travaillés de verd, & fi-
nis de biſtre.

CHAPITRE LXXIV.

Mais le plus important eſt
d'adoucir ſon ouvrage, de mêler ſes teintes les unes dans les
autres, auſſi-bien que la barbe
& les cheveux, & la carnation, prenant garde ſur tout
de ne pas faire ſec & dur, &
que les traits & contours des
carnations ne ſoient pas cou-
pés.

Il faut auſſi s'accoutumer à
ne mettre du blanc dans vos
couleurs qu'à proportion que
vous faites clair ou brun ; car il
faut que la couleur dont on travaille la ſeconde fois, ſoit toujours un peu plus forte que la

premiére, à moins que ce ne
ſoit pour adoucir.

CHAPITRE LXXV.

Les différens coloris ſe peuvent aiſément faire, en mettant plus ou moins de rouge, ou de bleu, ou de jaune, ou de biſtre, ſoit pour l'ébaucher, ſoit pour finir : celui des femmes devant être un peu bleuâtre, celui des enfans un peu rouge, l'un & l'autre frais & fleuris, & celui des hommes plus jaune, particuliérement lorſqu'ils ſont vieux.

CHAPITRE LXXVI.

Pour faire un coloris de mort, il faut une premiére couche de blanc & d'orpin, ou d'ocre, & l'ébaucher avec du vermillon & de la laque, au lieu de carmin, mais aſſez pâle, travaillant par deſſus avec un mêlange verd, dans lequel il y aura plus de bleu que d'autre couleur, afin que la chair soit livide & pourpreuse. Les teintes se font de même qu'à un autre coloris; mais il faut qu'il y en ait beaucoup plus de bleuës que de jaunes, particuliérement dedans & autour des yeux, & que ces dernieres ne soient qu'aux parties qui approchent le plus. On les fait mourir les unes dans les autres, selon la maniére ordinaire, tantôt avec du bleu fort pâle, tantôt avec de l'ocre & du blanc & un peu de vermillon, adoucissant le tout ensemble. Il faut arondir les parties & les contours avec les mêmes couleurs.

La bouche doit être quasi toute violette. On ne laisse pas de l'ébaucher un peu de vermillon, d'ocre & de blanc; puis on la finit avec de la laque & du bleu ; & pour y donner les coups forts, on prend du biſtre & de la laque, dont on fait auſſi ceux des yeux, du nez & des oreilles.

Si c'eſt un Crucifix, ou quelque Martyr, où l'on doit faire paroître du ſang, après que la carnation ſera achevée, il faudra l'ébaucher de vermillon, & le finir de carmin, faiſant aux gouttes de ſang un petit reflet qui les arondiſſe.

Pour les couronnes d'épines, il faut faire une couche de verd de mer & de maſſicot, l'ombrer de biſtre, & rehauſſer les clairs de maſſicot.

CHAPITRE LXXVII.

Le fer s'ébauche avec de l'inde & du blanc, & ſe finit avec de l'inde pur.

CHAPITRE LXXVIII.

Pour faire du feu & des flammes, l'on fait les jours de mafficot & d'orpin ; & pour les ombres, on y mêle du vermillon & du carmin.

CHAPITRE LXXIX.

Une fumée fe fait de noir, d'inde & de blanc, & quelquefois de biftre. On y peut auffi ajouter du vermillon ou de l'ocre, felon la couleur dont on la veut faire.

CHAPITRE LXXX.

L'on peint les perles en mettant une couche de blanc & un peu de bleu, on les ombre & on les arondit avec de la même couleur plus forte ; l'on fait un petit point blancprefqu'au milieu du côté du jour ; & de l'autre côté, entre l'ombre & le bord.

de la perle ; on donne un coup
de maſſicot pour faire la réflexion.

CHAPITRE LXXXI.

Les diamans ſe font de noir
tout pur ; puis on les rehauſſe
par de petits traits de blanc du
côté du jour.

C'eſt la même choſe pour quelques pierreries qu'on veuille
peindre : il n'y a qu'à changer
de couleur.

CHAPITRE LXXXII.

Pour faire quelque figure
d'or, on met une couche d'or
en coquille, & on l'ombre avec
de la pierre de fiel.

L'argent tout de même, excepté qu'il faut l'ombrer avec
de l'inde.

CHAPITRE LXXXIII.

J'ai ſpécifié ainſi pluſieurs petites chofes en particulier, pour aider les commençans, parce que la maniére de faire celles que j'ai dites, & les couleurs qu'on y employe, aideront mê-me pour celles que je ne dis pas, en attendant la connoiffance & facilité qu'ont accoutumé de donner le tems & l'expérience à ceux qui s'appliquent à cet Art. Un grand moyen d'en ac-quérir la perfection, eft de co-pier d'excellens originaux. On jouit avec plaifir & tranquillité du travail & de la peine des au-tres. Il faudroit en prendre beaucoup pour en avoir d'auffi beaux effets ; & il vaut mieux être bon Copifte que mauvais Inventeur.

Les enfeignemens que j'ai donnés des mélanges & des dif-férentes teintes, dont il faut co-lorier les Carnations, & autres chofes, peut fervir particuliérement lorfqu'on travaille d'après des Eftampes, où l'on ne void que du blanc & du noir; quoiqu'ils ne foient pas non plus inutiles, lorfque l'on commence à copier des Tableaux, fans fçavoir manier les couleurs, & fans connoître leur force & leur effet. Car il y a cette différence entre la Mignature & la Peinture à l'huile, qu'en celle-ci les couleurs ont été prifes fur la palette comme elles vous paroiffent dans le Tableau où elles s'appliquent tout d'un coup, de forte qu'il n'y a qu'à prendre la peine de chercher un peu pour trouver ce qui fait un tel jour & un tel ombre : Mais ce n'eft pas la même chofe pour la Mignature, où, affez fouvent, la derniére couche qu'on applique ne conferve pas fa couleur; mais elle en prend une autre des pre-

G ij

miéres dont l'on a travaillé deffous ; ou plutôt les unes & les
autres en compofent une derniére , qui fait l'effet qu'on a
prétendu. Et bien que ce foit,
fi vous voulez, du blanc, du
verd, du carmin, du bleu, de
l'orpin, du biftre , &c. , dont
ce coloris eft compofé ; ces
couleurs ne le compoferoient
pas néanmoins , fi on les mê-
loit enfemble : car ce n'eft qu'en
travaillant de l'une & puis de
l'autre ; & quand on le void fait
fans l'avoir vû faire , il faudroit
être du moins forcier pour en
deviner l'ordre & la maniére,
fuppofé qu'on n'ait eu ni Maître , ni Livre. C'eft pourquoi je
me fuis attaché à particularifer
dans celui-ci tant de petits enfeignemens ; & je m'affure que
l'expérience fera connoître à
ceux qui font en état de s'en fervir , que pour être minces, ils
n'en font pas moins utiles.

DES PAYSAGES.

CHAPITRE LXXXIV.

C'Est particuliérement pour les Paysages qu'il faut faire valoir l'article 53 & & les suivants de la nature & des diverses qualités des couleurs, parce que l'ordre & la distribution qu'on en fait sert beaucoup à faire paroître ses fuites & ses éloignemens qui trompent la vûë. Et les plus grands Paysagistes ont toujours observé de placer sur les premiéres lignes de leurs Paysages les couleurs les plus terrestres & les plus sensibles, réservant les plus légéres pour les lointains.

Mais afin de ne me pas écarter de mon dessein, au lieu des préceptes généraux, je m'arrê-

terai à donner aux commençans quelques inſtructions particuliéres pour la pratique.

CHAPITRE LXXXV.

Premiérement , après avoir
ordonné l'œconomie de votre
Payſage comme de vos autres
piéces , il faut ébaucher vos
terraſſes les plus proches, quand
elles doivent paroître brunes ,
avec du verd de veſſie ou d'iris,
du biſtre & un peu de verd de
montagne : pour donner du
corps à votre couleur , il faut
pointiller avec ce mêlange ,
mais un peu plus brun.

Pour celles qui font claires ,
l'on fait une couche d'ocre &
de blanc; puis l'on ombre &
l'on finit avec du biſtre. En
quelques-unes on mêle un peu
de verd, particuliérement pour
les ombrer & finir.

Il y a auſſi quelquefois ſur

les devans de certaines terraſſes rougeâtres : elles s'ébauchent avec du brun rouge, du
blanc & un peu de verd, & ſe
finiſſent de même, y mettant
un peu plus de verd.

Pour faire des herbes & autres feuillages ſur les terraſſes
plus proches, il faut, après
qu'elles ſont finies, les ébaucher de verd de mer ou de
montagne ; & pour celles qui
ſont jaunâtres, y mêler du maſſicot ; enſuite on les ombre
avec du verd d'iris ou du biſtre,
& de la pierre de fiel, ſi vous
voulez qu'elles paroiſſent mor-
tes.

Les terraſſes qui ſont plus
éloignées, s'ébauchent avec du
verd de montagne ; on les ombre & on les achéve avec du
verd de veſſie, y ajoutant un
peu de biſtre, pour donner des
coups par-ci par-là.

G iiij

Celles qui s'éloignent encore davantage, se font avec du verd de mer & un peu de bleu, & s'ombrent de verd de montagne.

Enfin plus elles fuyent, plus il les faut faire bleuâtres ; & les derniers lointains doivent être d'outremer & de blanc, y mêlant en quelques endroits de petites teintes de vermillon.

CHAPITRE LXXXVI.

L'on peint les eaux avec de l'inde & du blanc ; on les ombre de la même couleur, mais plus forte ; & pour les finir, au lieu de pointiller, l'on ne fait que des traits sans croiser, leur donnant le tour des ondes, quand il y en a. Il faut quelquefois mêler un peu de verd dans de certains endroits, & relever les clairs avec du blanc tout pur, particuliérement où l'eau bouillonne.

Les rochers s'ébauchent comme l'architecture de pierre, excepté qu'on y mêle un peu de verd pour l'ébauche & pour les ombres. L'on y fait des teintes jaunes & bleuës, qu'il faut perdre avec le reste en finissant ; & lorsqu'il y a de petites branches avec des feuilles, de la mousse, ou des herbes, quand tout est fini, on les reléve par dessus avec du verd & du masficot. L'on en peut faire de jaunes, de vertes & de rougeâtres, pour paroître séches, de même qu'aux terrasses. On pointille les rochers comme le reste : plus ils sont éloignés, plus on les fait grisâtres.

Les châteaux, les vieilles mâzures, & autres bâtimens de pierre & de bois, se font de la maniére que j'ai dite en parlant des Architectures, lorf-

qu'ils font fur les premiéres lignes. Mais quand on les veut
faire paroître éloignés, il y faut
mêler du brun-rouge & du vermillon, avec beaucoup de
blanc, & ombrer fort tendre-
ment avec ce mélange : & plus
ils s'éloignent, moins il faut
que les traits foient forts pour
les féparations. Comme les
couvertures font ordinairement d'ardoife, on les fait un
peu plus bleuës que le refte.

CHAPITRE LXXXVII.

L'on ne fait les arbres qu'a-
près que le ciel eft fini, l'on
peut en épargner les places
quand ils en tiennent beaucoup ; & de quelque façon que
ce foit, il faut ébaucher ceux
qui approchent avec du verd
de montagne, y mêlant quelquefois de l'ocre, & les ombrer
des mêmes couleurs, y ajou-

tant du verd d'iris : enfuite il faut feuiller là-deffus en pointillant, fans croifer ; car il faut que ce foit de petits points longuets, d'une couleur plus brune & affez nourris, qu'il faut conduire du côté que vont les branches, par petites touffes d'une couleur un peu plus brune. Après, l'on rehauffe les jours avec du verd de montagne & du maffcot, en feuillant de la même maniére ; & lorfqu'il y a des branches, ou des feuilles féches, on les ébauche de brun-rouge, ou de pierre de fiel avec du blanc, & on les finit de pierre de fiel fans blanc, ou de biftre.

Le tronc des arbres doit être ébauché d'ocre, de blanc, & d'un peu de verd pour les clairs; & pour les bruns, l'on fait un mélange de noir & d'ocre, avec lequel on ombre les uns & les autres, y ajoutant du biftre & du verd. L'on y fait auffi des teintes jaunes & bleuës ; & l'on y donne par-ci par-là quelques petits coups de blanc, ou de maffïcot, comme vous en voyez d'ordinaire à l'écorce des arbres.

On fait les branches qui paroiffent entre les feuilles avec de l'ocre, du verd de montagne & du blanc, ou du biftre & du blanc, felon le jour où vous les faites. Il faut les ombrer de biftre & de verd d'iris.

Les arbres qui font un peu éloignés s'ébauchent de verd de montagne & de verd de mer. On les ombre & on les finit avec les mêmes couleurs, mêlées de verd d'iris. Quand il y en a qui paroiffent jaunâtres, couchez d'ocre & de blanc, & finiffez avec de la pierre de fiel.

Pour ceux qui font dans les lointains, il faut ébaucher de verd de mer, avec lequel, pour finir, on mêle de l'outremer : & relevez le jour des uns & des autres avec du maſſicot, par petites feuilles ſéparées.

C'eſt le plus difficile du Payſage, & quaſi de la Mignature, que de bien feuiller un arbre. Pour l'apprendre, & pour s'y rompre un peu la main, il en faut copier de bons ; car la maniére de les toucher eſt ſinguliére, & ne peut s'acquérir qu'en travaillant aux arbres mêmes, autour deſquels vous obſerverez auſſi de faire paſſer de petits rameaux qu'il faut feuiller, ſur tout ce qui ſe rençontre deſſous & ſur le ciel.

Et en général, que vos Payſages ſoient coloriés de bonne ſorte, & plein de vérité ; car c'eſt ce qui en fait la beauté.

DES FLEURS.

CHAPITRE LXXXVIII.

IL eft agréable de peindre des Fleurs, non-feulement par l'éclat de leurs différentes couleurs, mais auffi par le peu de tems & de peine qu'on employe à les faire. Il n'y a que du plaifir, & quafi point d'application. Vous eftropiez un vifage, fi vous faites un œil plus haut ou plus bas que l'autre, un petit nez avec une grande bouche, & ainfi des autres parties : mais la crainte de ces difproportions ne gêne point l'efprit pour les Fleurs ; car à moins qu'elles ne fûffent tout-à-fait remarquables, elles ne gâtent rien. Auffi la plus grande partie des perfonnes de qualité qui fe divertiffent à pèindre, s'en tiennent aux Fleurs. Il faut néanmoins s'attacher à copier jufte : & pour cette partie de la Mignature, comme pour le refte, je vous renvoye au naturel ; car c'eft le meilleur modéle que vous puifliez vous propofer. Travaillez donc d'après les Fleurs naturelles, & cherchez-en les teintes & les diverfes couleurs fur votre palette. Un peu d'ufage vous les fera trouver aifément ; & pour vous le faciliter d'abord, je dirai, en continuant mon deffein, la maniére d'en faire quelques-unes : auffi-bien l'on travaille affez fouvent d'après des Eftampes, où l'on ne voit que la gravûre. Ayez les Fleurs de Nicolas-Guillaume la Fleur, qui fe vendent chez Mariette, ruë Saint Jacques, à l'Efpérance. Elles font très-bonnes.

Chapitre LXXXIX.

Premiérement, c'eſt une régle générale que les Fleurs ſe
deſſinent & ſe couchent comme les autres figures ; mais la
maniére de les ébaucher & de
les finir eſt différente : car on
les ébauche par de gros traits,
que l'on fait tourner d'abord du
ſens que doivent aller les petits, avec leſquels on finit ; ce
tour y aidant beaucoup. Et
pour les finir, au lieu hacher ou
de pointiller, on tire de petits traits fort fins & fort proches les uns des autres, ſans
croiſer, repaſſant pluſieurs fois,
juſques à ce que vos bruns &
vos clairs ayent toute la force
que vous leur voulez donner.

Chapitre XC.
Des Roses.

Après qu'on a calqué, puis
deſſiné

deſſiné avec du carmin la Roſe rouge, on applique une couche fort pâle de carmin & de blanc; enſuite l'on ébauche les ombres de la même couleur, y mettant moins de blanc; & enfin avec du carmin pur, mais très-clair d'abord, le fortifiant de plus en plus à meſure que l'on travaille & que les ombres ſont bruns; cela ſe fait à grands coups : enſuite on finit, travaillant deſſus par petits traits de carmin pur, que l'on fait aller comme ceux de la gravûre, ſi c'eſt une Eſtampe que l'on copie, ou du ſens que tournent les feuilles de la Roſe, ſi c'eſt d'après une Peinture ou le Naturel, faiſant perdre les ombres dans les clairs, & rehauſſant les plus grands jours & le bord des feuilles avec du blanc & un peu de carmin. Il faut toujours faire le cœur des Ro-

H

ses & le côté de l'ombre plus brun que le reste, & mêler un peu d'inde en ombrant les premiéres feuilles, particuliérement quand les Roses sont épanouies, pour les faire paroître fanées. L'on ébauche la graine avec de la gomme-gutte, dans laquelle on mêle un peu de verd de vessie pour ombrer.

Les Roses panachées doivent être plus pâles que les autres, afin que l'on voye mieux les panaches, qui se font avec du carmin, un peu plus brun dans les ombres, & très-clair dans les jours, en hachant toujours par traits.

Pour les blanches, il faut mettre une couche de blanc, & les ébaucher & finir comme les rouges, mais avec du noir & du blanc, & en faire la graine un peu plus jaune.

L'on fait les jaunes en mettant une couche par tout de massicot , & les ombrant de gomme-gutte , de pierre de fiel & de bistre , relevant les clairs avec du massicot & du blanc.

Les queuës, les feuilles & les boutons de toutes sortes de Roses s'ébauchent de verd de montagne , dans lequel on mêle un peu de massicot & de gomme-gutte ; & pour les ombrer, on y ajoute du verd d'iris , mettant moins des autres couleurs quand les ombres sont fortes. L'envers des feuilles doit être plus bleu que le dedans : c'est pourquoi il faut l'ébaucher de verd de mer, & y mêler du verd d'iris pour l'ombrer, faisant les veines de ce côté-là plus claires que le fond, & celles de l'endroit plus brunes.

Les épines qui sont sur les queuës & sur les boutons des Roses se font de petits coups

H ij

de carmin, que l'on fait aller de tous côtés; & pour celles qui font aux tiges, on les ébauche de verd de montagne & de carmin, & on les ombre de carmin & de biſtre, faiſant auſſi le bas des tiges plus rougeâtre que le haut; c'eſt-à-dire, qu'il faut mêler avec le verd du carmin & du biſtre pour les ombrer.

CHAPITRE XCI.
DES TULIPPES.

Comme il y a une infinité de Tulippes différentes les unes des autres, on ne peut pas dire de quelle couleur elles ſe font toutes. Je toucherai ſeulement les plus belles, qu'on appelle Panachées, dont les panaches s'ébauchent avec du carmin fort clair en des endroits, & plus brun en d'autres, finiſſant avec la même couleur par petits traits, qu'il faut conduire com-

me les panaches. En d'autres,
on met une premiére couche
de vermillon ; puis on les ébauche en mêlant du carmin, &
on les finit de carmin pur.

En quelques-unes on met de
la laque de Levant deſſus le
vermillon, au lieu de carmin.

Il s'en fait auſſi de laque & de
carmin mêlés enſemble, & de
laque feule, ou avec du blanc,
pour les ébaucher, ſoit de laque colombine ou de levant.

Il y en a de violettes, qu'on
ébauche d'outremer, de carmin ou de laque, tantôt plus
bleuës & tantôt plus rouges.
La maniére de faire les unes &
les autres eſt égale ; il n'y a que
les couleurs qui ſont différentes.

Il faut en de certains endroits, comme entre les panaches de vermillon, de carmin
ou de laque, mettre quelquefois du bleu fait d'outremer &

de blanc , & quelquefois de violet fort clair , qu'on finit par traits , comme le reſte. Il y en a auſſi qui ont de certaines teintes fauves ; mais tout cela n'eſt qu'aux Tulippes fines & rares , & point aux communes.

Pour en ombrer le fond , on prend ordinairement, pour cel-les dont les panaches font de carmin , de l'inde & du blanc.

Pour celles de laque, du noir & du blanc, où l'on mêle en quelques-unes du biſtre , & en d'autres du verd.

L'on en peut auſſi ombrer de gomme-gutte & de terre d'om-bre , & toujours par traits du tour qu'ont les feuilles.

L'on en fait encore d'autres, qu'on appelle bordées , c'eſt-à-dire, que la Tulippe n'eſt point mêlée, à la réſerve de l'extré-mité des feuilles , où il y a quelquefois une bordure.

Elle est blanche à la violette;
Rouge à la jaune;
Jaune à la rouge;
Et rouge à la blanche.

La violette se couche d'ou-tremer, de carmin & de blanc, l'ombrant & la finissant de ce mélange. La bordure s'épargne.

La jaune s'ébauche de gomme-gutte, & s'ombre de la même couleur, y mêlant de l'ocre & de la terre d'ombre, ou du bistre. La bordure se fait de vermillon & avec tant soit peu de carmin.

La rouge s'ébauche de ver-millon & se finit de la même couleur, y mêlant du carmin ou de la laque. Le fond & la bordure se fait de gomme-gut-te; & pour finir, on y ajoute de la Terre d'ombre.

La blanche s'ombre de noir, de bleu & de blanc. L'encre de la Chine est fort bonne pour cela ; les ombres en font tendres : Elle fait toute feule l'effet du bleu & du blanc, mêlé avec d'autre noir. La bordure de cette Tulippe blanche fe fait de carmin.

A toutes ces fortes de Tulippes, on laiffe une nervûre au milieu des feuilles plus claire que le refte ; & l'on fait noyer les bordures dans le fond , par petits traits de travers en tournant ; car il ne faut pas qu'elles paroiffent coupées comme les panaches.

L'on en fait encore de plufieurs autres couleurs. Quand il s'en trouve dont le fond de dedans eft comme noir , on l'ébauche & on le finit d'inde , auffi-bien que la graine qui eft autour du tuyau ; & fi le fond eft jaune , il s'ébauche de gomme-gutte , & fe finit en y ajoutant de la terre d'ombre.

Les

Les feuilles & la tige des Tulippes s'ébauchent ordinairement de verd de mer : elles s'ombrent & se finissent de verd d'iris par grands traits le long des feuilles. On en peut faire aussi quelques-unes de verd de montagne, y mêlant du massicot, & les ombres de verd de vessie, afin qu'elles soient d'un verd plus jaune.

CHAPITRE XCII.
L'ANEMONE.

Il y en a de plusieurs sortes, tant doubles que simples. Ces derniéres sont ordinairement sans panaches. Il s'en fait de violettes avec du violet & du blanc, les ombrant de la même couleur, les unes plus rouges & les autres plus bleuës.

D'autres s'ébauchent de laque & de blanc, & se finissent de même, y mettant moins

I

de blanc ; quelques-unes ſans blanc.

D'autres s'ébauchent de ver-millon, & s'ombrent de la mê-me couleur, y ajoutant du car-min.

On en voit auſſi de blan-ches & de couleur de citron, qui ſe finiſſent quelquefois de vermillon , & quelquefois de laque fort brune , ſur tout dans le fond proche la graine, ou de noir & de bleu, mêlant un peu de biſtre, & toujours par traits bien fins , faiſant perdre les bruns dans les clairs.

La graine de toutes ces Ane-mônes ſe fait d'inde & de noir, avec fort peu de blanc, l'om-brant d'inde pur. A quelques-unes on la reléve de maſſi-cot, laiſſant le cœur des feuil-les plus clair que le reſte, & même à quelques-autres tout blanc.

Les Anemônes doubles font de plufieurs couleurs. Les plus belles ont leurs grandes feuilles panachées. Les unes fe font avec du vermillon , auquel on y ajoute du carmin pour les finir, ombrant le refte des feuilles d'inde ; & pour les petites du dedans , on met une couche toute de vermillon & de blanc , & on les ombre de vermillon mêlé de carmin , faifant par-ci-par-là des endroits forts, particuliérement dans le cœur proche les grandes feuilles du côté de l'ombre. L'on finit par petits traits , comme tournent les panaches & les feuilles.

L'on ébauche & l'on finit les panaches de quelques autres de carmin pur , auffi-bien que les petites feuilles, laiffant néanmoins au milieu de ces derniéres un petit rond , où l'on couche du violet brun , le faifant

perdre avec le reste ; & après
que tout est fini, on donne des
coups de cette même couleur
autour des petites feuilles, sur
tout du côté de l'ombre, les
faisant noyer dans les grandes,
dont le reste s'ombre, ou d'inde ou de noir.

A quelques-unes on fait les
petites-feuilles de laque, ou de
violet, quoique les panaches
des grandes soient de carmin.

Il y en a d'autres dont les
panaches se font de carmin par
le milieu de la plupart des grandes feuilles, mettant en quelques endroits du vermillon dessous, & faisant perdre les couleurs avec les ombres du fond,
qui se font d'inde & de blanc.
Les petites feuilles se couchent
de massicot, & s'ombrent de
carmin très-brun du côté de
l'ombre, & très-clair de celui
du jour, où vous laisserez le

maſſicot pur, y donnant ſeulement quelques petits coups
d'orpin & de carmin, pour ſé-
parer les feuilles.

Il ſe fait des Anemônes doubles toutes rouges & toutes
violettes. Les premiéres s'é-
bauchent de vermillon & de
carmin quaſi ſans blanc,& s'ombrent de carmin pur, bien gommé, afin qu'elles ſoient fort
brunes.

Les Anemônes violettes ſe
couchent de violet & de blanc,
& ſe finiſſent ſans blanc.

Enfin il y en a de ces doubles
comme de ſimples, de toutes
couleurs, & qui ſe font de la
même maniére.

Le verd des unes & des autres eſt de montagne, dans lequel on mêle du maſſicot pour
ébaucher. Il s'ombre & ſe finit
de verd de veſſie. Les queuës
en ſont un peu rougeâtres, c'eſt

pourquoi on les ombre de carmin mêlé de biſtre, & quelquefois de verd, après les avoir
couchées de maſſicot.

CHAPITRE XCIII.
L'OEILLET.

Il eſt des Œillets de même
que des Anemônes & des Tulippes, c'eſt-à-dire, de panachés, & d'autres d'une ſeule
couleur.

Les premiers ſe panachent
tantôt de vermillon & de carmin, tantôt de laque & de carmin, tantôt de laque pur, ou
avec du blanc ; les uns fort
bruns & les autres fort pâles,
quelquefois par de petits panaches & quelquefois par de
grands.

Leurs fonds s'ombrent ordinairement d'inde & de blanc.

Il eſt des Œillets couleur de
chair fort pâles , & panachés

d'une autre un peu plus forte,
que l'on fait de vermillon & de
laque.

D'autres qui font de laque
& de blanc, qu'on ombre &
qu'on panache fans blanc.

D'autres tout rouges, qui fe
font de vermillon & de carmin,
le plus brun qu'il fe peut.

D'autres tout de laque.

Et enfin d'autres fortes, dont
le naturel ou la fantaifie font la
regle.

Le verd des uns & des au-
tres eft de mer, ombré de verd
d'iris.

CHAPITRE XCIV.
LE MARTAGON.

Il fe couche de mine de
plomb, s'ébauche de vermillon, & dans le plus fort des
ombres de carmin, les finiffant
de cette même couleur, par
traits en tournant, comme les

feuilles. L'on rehauffe les clairs de mine de plomb & de blanc : la graine fe fait de vermillon & de carmin.

Les verds fe font de verd de montagne, ombré de verd d'iris.

CHAPITRE XCV.
L'HEMEROCALLE.

Il y en a de trois fortes :
De gris de lin un peu rouge,
De gris de lin fort pâle,
Et de blanches.
Pour les premiéres, on met une couche de laque & de blanc : l'on ombre & l'on finit avec de la même couleur plus forte, y mêlant un peu de noir pour la tuer, fur tout aux endroits les plus bruns.

Les fecondes fe couchent de blanc mêlé de fort peu de laque & de vermillon ; de forte que ces deux derniéres couleurs ne paroiſſent quaſi pas ; enſuite l'on ombre avec du noir & un peu de laque, faiſant plus rouge dans le cœur des feuilles proche les tiges, qui doivent être, auſſi-bien que la graine, de la même couleur, particuliérement vers le haut, & en bas un peu plus vertes.

La queuë de la graine ſe couche de maſſicot, & s'ombre de verd de veſſie.

Les autres Hémérocalles ſe font en mettant une couche de blanc tout pur, & les ombrant & finiſſant de noir & de blanc.

La tige de ces derniéres, & les verds de toutes, ſe font de verd de mer, & s'ombrent de verd d'iris.

CHAPITRE XCVI.
LES HYACINTES.

Il y en a de quatre façons :
De bleuës, un peu brunes.

D'autres un peu plus pâles.
De gris de lin.
Et de blanches.

Les premiéres se couchent d'outremer & de blanc : on les ombre & finit avec moins de blanc.

Les autres se couchent & s'ombrent de bleu plus pâle.

Les gris de lin s'ébauchent de laque, de blanc & tant soit peu d'outremer, & se finissent de la même couleur un peu plus forte.

Enfin, aux derniéres, on met une couche de blanc, puis on les ombre de noir avec un peu de blanc ; & on les finit par traits, suivant les contours des feuilles.

L'on fait le verd & les tiges de ceux qui sont bleuës de verd de mer & d'iris fort brun ; & dans la tige du premier, on peut mêler un peu de carmin pour la faire rougeâtre.

Les deux autres, aussi-bien que le verd, s'ébauchent de verd de montagne avec du massicot ; s'ombrent de verd de vessie.

CHAPITRE XCVII.
LA PEONE.

Il faut mettre une couche par tout de laque de Levant & de blanc, assez forte, & ombrer ensuite avec moins de blanc ; & dans les endroits les plus bruns, il n'en faudra point mettre : après quoi l'on finit de laque toute pure, par traits & en tournant, comme à la Rose, la gommant beaucoup dans le plus fort des ombres, & relevant les jours & le bord des feuilles avec du blanc & un peu de laque. L'on fait aussi de petites veines qui vont comme les traits de la ha-

chure, mais qui paroissent davantage.

Le verd de cette Fleur est
de mer, & s'ombre avec celui
d'iris.

CHAPITRE XCVIII.
LES PRIMES-VERES.

Elles sont de quatre ou cinq
couleurs.

Il y en a de violettes fort
pâle,

De gris de lin,

De blanches & de jaunes.

La violette se fait d'outremer, de carmin & de blanc, y
mettant moins de blanc pour
l'ombrer.

Le gris de lin se couche de
laque colombine, & de tant
soit peu d'outremer avec beaucoup de blanc, & s'ombre de
la même couleur plus forte.

Pour les blanches, il faut
mettre une couche de blanc,

& les ombrer de noir & de blanc, les finiſſant comme les autres par traits.

L'on fait le cœur de ces trois Prime-veres de maſſicot, en forme d'étoile, que l'on ombre de gomme gutte, faiſant au milieu un petit rond de verd de veſſie.

Les jaunes ſe couchent de maſſicot, & s'ombrent de gomme gutte & de terre d'ombre.

Les queuës, les feuilles & les boutons s'ébauchent de verd de montagne mêlé d'un peu de maſſicot, & ſe finiſſent de verd d'iris, faiſant de cette même couleur les côtes & les veines qui paroiſſent ſur les feuilles, rehauſſant les jours des plus groſſes avec du maſſicot.

CHAPITRE XCIX.
LA RENONCULE.

Il y en a de pluſieurs ſortes.

Les plus belles font la Pivoine & l'Orangée. Pour la premiére, on met une couche de vermillon, & l'on y ajoute du carmin pour l'ombrer, la finiffant avec cette derniére couleur pure.

A d'autres, on peut mettre de la laque de Levant au lieu de carmin, fur tout dans le cœur.

L'Orangée fe couche de gomme gutte, & fe finit de pierre de fiel & de vermillon, laiffant de petits panaches jaunes.

Le verd des tiges eft de montagne & de mafficot fort pâle, y mêlant du verd d'iris pour les ombrer.

Celui des feuilles eft un peu plus brun.

CHAPITRE C.
LES CROCUS.

Il s'en trouve de deux couleurs.

De jaunes.

Et de violet.

Les jaunes s'ébauchent de massicot & de pierre de fiel, & s'ombrent de gomme gutte & de pierre de fiel : après quoi, sur chaque feuille, en-dehors, on fait trois rayes séparées l'une de l'autre en long avec du bistre & de la laque pure, les faisant perdre par petits traits dans le fond. On laisse le dedans tout jaune.

Les violets se couchent de carmin, mêlé d'un peu d'outre-mer & de blanc fort pâle. On les ébauche & on les finit avec moins de blanc, faisant aussi des rayes de violet fort brun à quelques-unes, comme aux jaunes, & à d'autres rien que de petites veines. Ils ont tous la graine jaune ; & elle se fait d'orpin & de pierre de fiel : & pour faire la queuë, on met une couche de blanc, & on l'ombre de noir mêlé avec un peu de verd.

Le verd de cette Fleur s'ébauche de verd de montagne fort pâle, & s'ombre de verd de veſſie.

CHAPITRE CI.
L'*IRIS*.

Les Iris de Perſe ſe font en mettant une couche de blanc, & ombrant les feuilles de dedans d'inde & de verd mêlés enſemble, laiſſant une petite ſéparation blanche au milieu : On met à celles du dehors, au même endroit, une couche de maſſicot, que l'on ombre de pierre de fiel & d'orpin, faiſant de petits points un peu bruns & longs par deſſus toute la feuille, & au bout de grandes taches de biſtre & de laque à quelques-unes, & à d'autres d'inde d'inde tout pur, mais fort noires. Le reste & le dehors des feuilles s'ombre de noir.

Le verd s'ébauche de verd de mer & de massicot fort pâle, & s'ombre de verd de vessie.

Les Iris de la Suze se couchent de violet & de blanc, y mettant un peu plus de carmin que d'outremer: & pour les ombres, sur tout aux feuilles du milieu, on met moins de blanc, & au contraire plus d'outremer que de carmin, faisant les veines de cette même couleur, & laissant au milieu des feuilles du dedans une petite nervure jaune, comme aux autres.

Il y en a d'autres qui ont cette même nervure, mais aux premiéres feuilles, dont le bout seulement est plus bleu que le reste.

D'autres s'ombrent & se finiſſent d'un même violet plus rouge. Ils ont auſſi la nervure du milieu aux feuilles de dehors, mais blanche & ombrée d'inde.

Il y en a auſſi de jaunes, qui ſe font en mettant une couche d'orpin & de maſſicot, les ombrant de pierre de fiel & faiſant des veines de biſtre par deſſus les feuilles.

Le verd des unes & des autres eſt de mer, mêlant un peu de maſſicot pour les queuës. Il s'ombre de verd de veſſie.

CHAPITRE CII.
LE JASSEMIN.

Il ſe fait avec une couche de blanc ombré de noir & de blanc : & pour le dehors des feuilles, on y mêle un peu de biſtre, en faiſant la moitié de chacune de ce côté-là un peu rougeâtre avec du carmin.

CHAPITRE CIII.
LA TUBEREUSE.

Pour la faire, on met une couche de blanc, & on l'ombre de noir avec un peu de biftre en quelques endroits ; & au-dehors des feuilles, on mêle un peu de carmin, pour leur donner une teinte rougeâtre, particuliérement fur les bouts.

La graine fe fait de maſſicot, & s'ombre de verd de veſſie.

L'on en couche le verd de verd de montagne, & on l'ombre de verd d'iris.

CHAPITRE CIV.
L'ELEBORE.

La fleur d'Elebore fe fait quafi de même; c'eft-à-dire, qu'elle fe couche de blanc & s'ombre de noir, faifant le dehors des feuilles un peu rougeâtre par-ci-par-là.

K ij

La graine se couche de verd
brun , & se reléve de massicot.

Le verd en est sale , & s'é-
bauche de verd de montagne ,
de massicot & de bistre, finissant de verd d'iris avec du bistre.

Chapitre CV.
Le Lys.

Il se couche de blanc , &
s'ombre de noir & de blanc.

La graine se fait d'orpin & de
pierre de fiel.

Et le verd , de même qu'aux
Tubéreuses.

Chapitre CVI.
Le Perse-Neige.

Il s'ébauche & se finit de
même que le Lys.

La graine se couche de massicot , & s'ombre de pierre de
fiel.

Et le verd se fait de verd de mer & d'iris.

CHAPITRE CVII.
LA JONQUILLE.

Elle se couche de massicot & de pierre de fiel, & se finit de gomme gutte & de pierre de fiel.

Le verd se fait de verd de mer & d'iris.

CHAPITRE CVIII.
LE NARCISSE.

Tous les Narcisses jaunes, doubles & simples, se font en mettant une couche de massicot. Ils s'ébauchent de gomme gutte, & se finissent en y ajoutant de la terre d'ombre, ou du bistre, à la réserve de la cloche qui est au milieu, que l'on fait d'orpin, de pierre de fiel & d'un peu de vermillon, ou du carmin pour les bords.

Les blancs se couchent de blanc, & s'ombrent de noir & de blanc, excepté la coupe ou la cloche, qui se fait de massi-cot & de gomme gutte.

Le verd est de mer, ombré de verd d'iris.

CHAPITRE CIX.
LE SOUCY.

Il se fait en mettant une couche de massicot, puis une de gomme gutte, l'ombrant avec cette même couleur, dans laquelle on aura mêlé du ver-millon. Et pour les finir, on ajoute de la pierre de fiel & un peu de carmin.

Le verd se fait de verd de montagne, ombré de verd d'iris.

CHAPITRE CX.
LA ROSE D'INDE.

Pour faire une Rose d'Inde,

on met une couche de mafficot & une autre de gomme
gutte ; puis on l'ébauche , y
mêlant de la pierre de fiel : &
on la finit avec cette derniére
couleur , y ajoutant du biftre &
tant foit peu de carmin dans le
plus fort des ombres.

CHAPITRE CXI.
L'OEILLET D'INDE.

On le fait en mettant une
couche de gomme gutte, l'ombrant de cette derniére couleur, dans laquelle on mêlera
beaucoup de carmin & un peu
de pierre de fiel , & laiffant autour des feuilles une petite
bordure jaune de gomme gutte.

La graine s'ombre de bi-
ftre.

Le verd, tant de la Rofe que
de l'Œillet , s'ébauche de verd
de montagne, & fe finit de verd
d'iris.

CHAPITRE CXII.
LE SOLEIL.

Il s'ébauche de massicot & de gomme gutte, & se finit de pierre de fiel.

Le verd se couche de montagne & de massicot, & s'ombre de verd de vessie.

CHAPITRE CXIII.
LA PASSEROSE.

Elle se fait comme la Rose, & le verd des feuilles aussi ; mais on en fait les veines de verd plus brun.

CHAPITRE CXIV.
LES OEILLETS DE POETE, LES PENSE'ES ET LES MIGNARDISES.

Se font en mettant une couche de laque & de blanc, les ombrannt de laque pure avec un peu de carmin pour ces
derniéres

derniére, que l'on pointille enfuite ; & l'on rehauffe de blanc
les petits filets qui font au milieu.

Les verds en font de verd
de mer, & fe finiffent de verd
d'Iris.

CHAPITRE CXV.
LA SCABIEUSE.

Il y a de deux fortes de Sca-
bieufes ; de rouges & de violettes. Les feuilles de la premiére fe couchent de laque de
Levant où il y a un peu de
blanc, & s'ombrent fans blanc ;
& pour le milieu, qui eft un
gros bouton où eft la graine, il
s'ébauche & fe finit de laque
pure, avec un peu d'outremer
ou d'inde, pour le faire plus
brun : enfuite on fait par deffus
de petits points blancs un peu
longs, plus clairs dans le jour
que dans l'ombre, les faifant

L

aller de tous côtés.

L'autre se fait en mettant une couche de violet fort pâle, tant sur les feuilles que sur le bouton du milieu, ombrant l'un & l'autre de la même couleur, un peu plus forte; & au lieu de petits coups blancs pour faire la graine, on les faits violets, après avoir marqué de petits ronds sur le bouton.

Le verd s'ébauche de verd de montagne & de massicot, & s'ombre de verd d'Iris.

CHAPITRE CXVI.
LA GLADIOLE.

Elle se couche de laque Colombine & de blanc fort pâle, s'ébauche, & se finit de laque pure très-claire en des endroits, & fort brune en d'autres, y mêlant même du bistre. Le verd est de montagne, ombré d'iris.

CHAPITRE CXVII.
L'HEPATIQUE.

Il y en a de rouge & de bleuë : celle-ci se fait en mettant une couche d'outremer & de blanc, & un peu de carmin ou de laque, l'ombrant de ce mélange plus fort. On ajoute, pour les premieres feuilles, & pour le dehors des autres, de l'inde & du blanc, afin que la couleur soit plus pâle & moins belle.

La rouge se couche de laque colombine & de blanc fort pâle, & se finit avec moins de blanc.

Le verd se fait de verd de montagne, de massicot & d'un peu de bistre, & s'ombre de verd d'iris & d'un peu de bistre, sur tout au-dehors des feuilles.

CHAPITRE CXVIII.
LA GRENADE.

La fleur de grenadier se couche de mine de plomb, s'ombre de vermillon & de carmin, & se finit de cette derniére couleur.

Le verd se couche de verd de montagne & de massicot, ombré de verd d'Iris.

CHAPITRE CXIX.
LA FLEUR DE FEVE D'INDE.

Elle se fait avec une couche de laque de Levant & de blanc, ombrant les feuilles du milieu de laque pure, & ajoutant un peu d'outremer pour les autres.

Le verd est de verd de montagne, ombré d'iris.

CHAPITRE CXX.
L'ANCOLIE.

Il y a des Ancolies de plu-

fieurs couleurs. Les plus ordinaires font les violettes, les
gridelins & les rouges. Pour
les violettes, il faut coucher
d'outremer, de carmin & de
blanc, & ombrer de ce mélange plus fort.

Les gridelins fe font de même, y mettant bien moins d'outremer que de carmin.

Les rouges, de laque & de
blanc, finiffant avec moins de
blanc.

Il s'en fait auffi de panachées de plufieurs couleurs,
qu'il faut ébaucher & finir comme les autres, faifant les panaches d'une couleur un peu plus
brune.

CHAPITRE CXXI.
LE PIED D'ALOUETTE.

Il y en a auffi de différentes
couleurs & de panachés. Les
plus communs font le violet,

le gridelin & le rouge. Ils se
font comme les Ancolies.

CHAPITRE CXXII.
LES VIOLETTES ET LES PENSE'ES.

C'est de même pour la Violette & les Pensées, excepté qu'à ces derniéres, les deux feuilles du milieu sont plus bleuës que les autres, c'est-à-dire, les bords; car le dedans de celles-là est jaune. L'on y fait de petites veines noires, qui partent du cœur, & qui meurent vers le milieu.

CHAPITRE CXXIII.
LE MUSSIPULA.

L'on en voit de deux sortes, de blanc & de rouge. Celui-ci se couche de laque & de blanc, avec un peu de vermillon; se finit de laque pure. Pour les boutons, on les ébauche de

blanc & de vermillon, y mêlant du biftre ou de la pierre de
fiel pour les finir.

Les feuilles des blancs fe
couchent de blanc, y ajoutant
du biftre & du mafficot fur les
boutons, que l'on ombre de biftre pur ; & les feuilles de noir
& de blanc.

Le verd de toutes ces fleurs
fe fait de verd de montagne &
de mafficot, & s'ombre de verd
d'iris.

CHAPITRE CXXIV.
L'IMPERIALE.

Il y en a de deux couleurs ;
fçavoir, la jaune, & la rouge
ou l'orangée. La premiére fe
fait en mettant une couche
d'orpin, & l'ombrant de pierre
de fiel & d'orpin.

L'autre fe couche d'orpin &
de vermillon, & s'ombre de
pierre de fiel & d'un peu de

vermillon, faisant le commencement des feuilles proche la queuë de laque & de biftre fort brun, & aux unes & aux autres des veines de ce mélange le long des feuilles.

Le verd se fait de verd de montagne & de maſſicot, & s'ombre de verd d'iris & de gomme gutte.

CHAPITRE CXXV.
LE SICLAMEN.

Le rouge se couche de carmin, d'outremer avec beaucoup de blanc, & se finit de la même couleur plus forte, ne mettant quaſi que du carmin dans le milieu des feuilles proche le cœur; & dans le reſte, un peu plus d'Outremer.

L'autre se couche de blanc, & s'ombre de noir.

Les tiges de l'un & de l'autre doivent être un peu rougeâtres.

Et le verd, de montagne &
d'iris.

CHAPITRE CXXVI.
LA GEROFLE'E.

Il y a de plusieurs sortes de
Géroflée ; de blanche, de jaune,
de violette, de rouge & de panachées de différentes couleurs.

Les blanches se couchent de
blanc, & s'ombrent de noir &
d'un peu d'inde dans le milieu.

La jaune, de massicot, de
gomme gutte & de pierre de
fiel.

Les violettes s'ébauchent de
violet & de blanc, & se finissent avec moins de blanc, faisant la couleur plus claire dans
le cœur, & même un peu jaunâtre.

Les rouges, de laque & de
blanc, les achevant sans blanc.

On couche les panachées de

blanc, & on fait les panaches tantôt de violet plus bleu ou plus rouge, tantôt de laque, à d'autres de carmin, ombrant le reste d'inde.

La graine de toutes s'ébauche de verd de montagne & de massicot, & se finit de verd d'iris.

Les feuilles & les queuës se couchent du même verd, y mêlant du verd d'iris pour les finir.

Je ne finirois point, si je voulois mettre ici toutes les Fleurs qu'on peut faire : mais c'en est assez & trop pour donner l'intelligence des autres ; & même une douzaine auroit suffi, si l'on travailloit toujours sur les naturelles ; car dès-là, il n'y a qu'à faire ce que l'on voit. Mais j'ai pensé que l'on copie plus souvent des Estampes, & que l'on ne seroit pas fâché de trouver ici les couleurs dont l'on fait plusieurs différentes Fleurs. En tout cas (pour finir comme j'ai commencé) , chacun pourra prendre & laisser ce que bon lui semblera.

CHAPITRE CXXVII.

Je n'ajouterai point ici d'instruction particuliére pour une infinité d'autres sujets. Elle n'est pas nécessaire ; & ce petit Traité est déja moins succint que je ne me l'étois proposé. Je dirai seulement en général que les Fruits , les Poissons, les Serpens , & toutes sortes de Reptiles doivent être touchés de la maniére des Figures , c'est-à-dire, hachés ou pointillés.

Mais les Oiseaux & tous les autres Animaux , se font par traits , comme les Fleurs.

CHAPITRE CXXVIII.

N'employez à aucune de ces choses du blanc de plomb. Il n'est propre qu'en huile, & il noircit comme de l'encre, n'étant détrempé qu'à la gomme ; particuliérement si vous mettez votre Ouvrage dans un lieu humide, ou avec des parfums ; & la céruse de Venise est aussi fine & d'un aussi grand blanc. De celui-là, n'en épargnez pas l'usage, sur tout en ébauchant ; & faites-en entrer dans tous vos mélanges, afin de leur donner un certain corps qui empâte votre Ouvrage, & qui le fasse paroître doux & moëleux.

Le goût des Peintres est néanmoins différent en ce point. Les uns en employent un peu ; & d'autres, point du tout : mais la maniére de ceux-ci est maigre & séche. Les autres en mettent beaucoup ; & c'eſt ſans contredit la meilleure méthode & la plus uſitée parmi les habiles gens : car outre qu'elle eſt prompte, c'eſt que l'on peut en s'en ſervant (ce qui ſeroit quaſi impoſſible autrement) copier toutes ſortes de Tableaux, nonobſtant le ſentiment contraire de quelques-uns, qui diſent qu'en Mignature l'on ne peut donner la force & toutes les différentes teintes qu'on voit dans les Piéces en huile ; ce qui n'eſt pas vrai, du moins pour les bons Peintres ; & les effets le prouvent aſſez : car il ſe voit des Figures, des Payſages, des Portraits, & toute autre choſe en Mignature, touchés d'une auſſi grande maniére, auſſi vraie & auſſi noble , quoique plus mignonne & plus délicate qu'en huile.

Je ſçai pourtant que cette

Peinture a ses avantages, quand ce ne seroit que celui de rendre plus d'ouvrage & de consommer moins de tems. Elle se défend mieux aussi contre ses injures ; & il faut encore lui céder le droit d'aînesse & la gloire de l'antiquité.

Mais aussi la Mignature a les siens ; & sans répéter ceux que j'ai déja montrés, elle est plus propre & plus commode. L'on porte aisément tout son attirail dans sa poche ; vous travaillez par tout quand il vous plaît, sans tant de préparatifs ; vous pouvez la quitter & la reprendre quand & autant de fois que vous voulez ; ce qui ne se fait pas à la premiére, où l'on ne doit guéres travailler à sec.

Mais remarquez qu'il est de l'une & de l'autre comme de la Comédie, dans laquelle la plus grande ou la moindre perfection des Acteurs ne consiste pas à faire les hauts ou les bas Rôles, mais à faire extrêmement bien ceux qu'ils font; car si celui qui aura le dernier Personnage s'en acquitte mieux qu'un autre de celui de Héros, il méritera sans doute plus d'approbation & de louange.

C'est la même chose dans l'Art de peindre. Son excellence n'est pas attachée à la noblesse d'un sujet, mais à la maniére dont on le traite. Avez-vous talent pour celui-ci, ne vous jettez pas inconsidérément dans celui-là; & si vous avez reçû du ciel quelque étincelle de ce beau feu, connoissez pourquoi il vous est donné, & faites-vous-y un chemin facile. Les uns prendront bien les différens airs de Tête: les autres réussiront mieux en Paysages; ceux-ci travaillent en pe-

tit , qui ne le pourroient faire
en grand : ceux-là font bons
Coloriftes , & ne poffédent pas
le Deffein : d'autres enfin n'ont
du génie que pour les Fleurs.
Et les Baffans même fe font acquis un nom par les Animaux ,
qu'ils ont touchés de très-bon-
ne maniére & mieux que toute autre chofe.

C'eft pour dire que chacun
fe doit contenter de fa Verve ,
fans vouloir fe revêtir du talent d'autrui , & prendre un vol
au-deffus de fes forces ; auffi-
bien il eft inutile de vouloir
contraindre la nature à nous
donner ce qu'elle nous refufe ;
& il eft de notre prudence ,
auffi-bien que de la modeftie ,
de ne fe point mettre en tête de
faire paroître un avantage qu'on
n'a pas ; car c'eft découvrir les
défauts qu'on a , & travailler à
fa honte. Au contraire , ce n'en
eft

eſt point une, que vous ne poſ-
ſédiez pas vous ſeul toutes les
parties qui ont donné de la ré-
putation aux grands Peintres.
Chacun d'eux a eu ſon fort &
ſon foible : & chacun de nous
auſſi ſe doit contenter de ce
qu'il a reçû en partage : l'im-
portance eſt de le cultiver avec
ſoin.

Et bien que ce petit Livre y
puiſſe aſſûrément contribuer,
néanmoins je ne vous le pré-
ſente que comme un ſupplé-
ment à de meilleurs moyens.
L'on apprendra ſans doute plus
avantageuſement ſous un excellent Maître, duquel on re-
cevra les préceptes de toutes
les bonnes régles, & des plus
belles maximes de l'Art, & par
lequel on les verra mettre en
pratique. Et quoique les inventions de Deſſein que j'ai don-

M

nées au commencement soient infaillibles , il vaut pourtant beaucoup mieux le posséder par une science acquise ; car si vous n'avez pour y suppléer un génie tout particulier & une extraordinaire justesse d'œil & de main , vous aurez beau dessiner vos Piéces correctement , ce sera un grand hazard si elles ne sont à la fin strapassées sans proportion & sans beauté ; parce que dans l'application des couleurs , vous en perdrez fort aisément les traits, & plus mal aisément encore les pourrez-vous retrouver , si vous n'avez un peu de dessein. J'exhorte donc autant que je puis les amateurs de la Peinture, d'apprendre à dessiner doctement, de copier avec une persévérance infatigable & à toute rigueur, les bons Originaux. En un mot,

de monter par les dégrés ordinaires à la perfection de ce bel
Art, duquel, comme de tous
les autres, les préceptes sont
bien-tôt appris. Mais ce n'est
pas assez : Il faut éxécuter. La
théorie est inutile, sans la pratique ; & la pratique, sans la
théorie, est un guide aveugle,
qui nous égare, au lieu de nous
conduire où nous voulons aller.
Mais sçavoir bien ce que l'on
veut faire, & bien faire ce que
l'on sçait, est le vrai moyen d'en
faire & d'en sçavoir beaucoup
avec le tems, & de se rendre,
de bon Ecolier, un excellent
Maître.

Au reste, je ne me pique pas
d'être tel. Mais cependant, je
puis assurer les personnes qui
prendront la peine d'entrer dans
cette petite Ecole avec un peu
de disposition & d'envie d'ap-

prendre , qu'elles n'auront pas
fujet de s'en repentir : car , fi
l'on y demeure fans plaifir , je
crois du moins qu'on en fortira
avec un profit notable.

SECRET

D'UN ITALIEN,

Pour faire le Carmin et l'Outremer.

RIEN n'est plus sur, ni plus facile, que cette maniére de faire les couleurs. Elles ont un éclat & une vivacité qu'on ne peut exprimer. Elles ne changent jamais ; & se font à si peu de frais, qu'on a, pour un Louis, ce qui en coûte sept ou huit à Florence. Mais l'épreuve en fera plus connoître que tout ce que j'en pourrois dire. Il suffit d'en donner la méthode. Je commence donc par

Le Carmin.

Faites tremper trois ou quatre jours, dans un Bocal de

Vinaigre blanc, une livre de bois de Bréſil de Fernambourg, de couleur d'or, après l'avoir bien rompu dans un mortier. Puis, faites-le bouillir une de-mie-heure. Paſſez-le par un linge bien fort. Remettez-le ſur le feu. Ayez un autre petit pot, dans lequel ſera détrempé huit onces d'Alun dans du vinaigre blanc. Mettez cet Alun détrem-per en cette autre liqueur ; & le remuez bien avec une ſpatule. L'écume qui en ſortira, ſera vo-tre Carmin. Recueillez-la, & la faites ſécher. On peut le même avec la Cochenille, au lieu de Bréſil.

L'OUTREMER.

Prenez dix onces d'huile de lin. Mettez-les dans un plat de terre, avec ſept ou huit goutes d'eau commune. Mettez cela ſur le feu, juſques à ce qu'il

commence à bouillir. Mettez-y
une livre de cire blanche vier-
ge, rompuë en petits morceaux.
Quand la cire sera fonduë, mettez-y une livre de poix grecque.
Mêlez - y quatre onces de mastic en poudre, qui ait été fondu
auparavant dans un pot à part,
avec deux onces de Therbenti-
ne : Et laissez cuire le tout une
heure durant : & après, laissez
tomber cette drogue dans l'eau
froide ; & quand elle se trouvera molle comme du beure, elle
sera cuite. Si toutefois il s'y
trouve encore de petits duril-
lons, ce sera une marque que le
mastic ne sera pas assez fondu :
& alors il faudra remettre la drogue au feu. Le tout étant cuit,
mettez du Lapis bleu dans un
creuset au feu, jusqu'à ce qu'il
y soit tout rouge comme le feu
même : puis, jettez-le dans du
vinaigre blanc. Il boit ce vinai-

gre jufques à en créver, & fe ré-
duit en petits morceaux ; lef-
quels il faut broyer en poudre :
puis, incorporer cette poudre
avec un peu de la drogue fufdi-
te, dont il faut prendre le moins
qu'il fe peut. Et gardez cela ainfi environ quinze jours. Après
quoi, mettez un ais un peu en
penchant fur le bord d'une table (il fera bon qu'il y ait une
petite trace ou rigole à cet ais);
& fous cet ais, un petit vafe de
verre. Mettez votre pâte bleuë
au haut de cette rigole; & au-
deffus de la pâte, mettez un vafe d'eau qui diftille fur la pâte
goute à goute. Et alors, avec
un petit bout de bâton poli,
vous aiderez à l'eau à détremper cette pâte, en la remuant
un peu, & fort doucement. Le
premier Azur qui s'écoule goute à goute, eft le plus beau.
Quand il en vient de moins
beau

beau après, il faut changer de
vafe, pour recevoir ce fecond
bleu ; après lequel, il en vient
encore un troifiéme, qui ne laiffe pas de fervir. Laiffez fécher
ces trois fortes d'outremer;puis
les ramaffez, & les mettez fé-
parément en de petits facs de
cuir blanc.

SECRET

POUR FAIRE DU VERD

PROPRE A LA MIGNATURE.

PRENEZ des fleurs de lys bleuës, qu'on appelle autrement Iris. Séparez-en le desfus, qui est satiné : & n'en gardez que cela ; car le reste n'est pas bon. Otez-en même toute la petite nervure houpée. Pilez dans un mortier ce que vous aurez choisi. Etant bien pilé, jettez dessus un peu d'eau, trois ou quatre cuillerées, plus ou moins, selon la quantité de fleurs que vous aurez. Il faut que vous ayez fait fondre, dans cette eau, un peu d'alun, & de gomme d'Arabie; mais fort peu. Ensuite, broyez bien le tout ensemble, puis le passez dans un

linge de toile forte : & mettez
ce jus dans des coquilles, que
vous ferez fécher à l'air, non pas
au soleil.

Avec des fleurs de violettes,
l'on fait, de la même forte, un
autre Verd. Celui de penfée eft
fort bon auffi. On en peut mêler avec du verd d'iris, pour le
rendre gai, ou avec de la gomme gutte.

Si vous voulez piler des fleurs
d'iris & de penfées enfemble,
vous en ferez un Verd fort a-
gréable.

MEMOIRE

Pour faire un très-bel Or bruni.

IL FAUT que le bois des bordures, ou autres piéces qu'on veut dorer, soit extrémement uni ; & afin de le polir encore davantage, passez l'oreille de chien de mer par-tout. Ensuite, il faut l'encoler, deux ou trois fois, de colle faite de rognure de gants blancs ; & mettre neuf ou dix couches de blanc. Quand il sera bien sec, passez la presse dessus, afin qu'il soit plus doux. Après, vous ferez tiédir sur le feu un peu de colle avec de l'eau, dans laquelle il faut tremper un linge fort délié, que vous épurerez, & le passerez encore sur le blanc. Ensuite il faut appliquer deux ou trois

couches d'Or-couleur ; & davantage, s'il n'a pas affez de
couleur. Lorfqu'il fera bien fec,
vous pafferez deffus un linge
fec, fortement, jufques à ce
qu'il foit luifant. Et vous aurez
de l'eau-de-vie, la plus forte
qui fe pourra trouver : puis vous
pafferez fur l'Or-couleur un
gros pinceau trempé dans l'eau-
de-vie. Mais il faut que votre
Or en feuille foit coupé tout
prêt fur le couffinet, afin de
l'appliquer auffi-tôt que vous
aurez paffé le pinceau. Et quand
il fera fec, vous le polirez avec
la dent de chien.

Pour faire la Colle de Gants.

Prenez une livre de rognure
de gants ; mettez-la tremper
dans de l'eau quelque tems ;
puis faites-la bouillir dans un
chaudron, avec douze pintes
d'eau ; & la laiffer réduire à

deux pintes : Enfuite, il faut la paffer par un linge, dans un pot de terre neuf. Pour voir fi la colle eft affez forte, prenez garde, lorfqu'elle eft congelée, fi elle eft ferme fous la main.

Pour faire le Blanc.

La colle étant faite, prenez du blanc de craye : rappez-le avec un couteau, ou broyez-le fur le marbre. Faites fondre & chauffer votre colle fort chaude : tirez-la de deffus le feu ; & mettez-y du blanc fuffifamment pour la rendre épaiffe comme de la bouillie. Laiffez-la infufer demi quart-d'heure ; & enfuite remuez-la avec une broffe de poil de cochon.

Prenez de ce blanc ; & mettez-y encore de la colle, afin de le rendre plus clair, pour la premiere & feconde couche, qu'il faut appliquer, en battant de bout de la brosse.

Observez de laisser bien sécher chaque couche, avant que d'en remettre une autre. Si c'est du bois, il en faut bien douze : & si c'est fur du carton, six ou sept suffisent.

Cela fait, prenez de l'eau ; trempez-y une brosse douce ; égoutez-la entre vos mains, & frottez-en votre ouvrage, pour le rendre plus uni. Aussi-tôt que votre brosse est pleine de blanc, il faut la relaver ; & même changer d'eau, lorsqu'elle est trop blanche.

L'on peut aussi se servir quelquefois d'un petit linge mouillé, comme de la brosse.

Votre ouvrage étant bien uni, laissez-le sécher. Et lorsqu'il est sec, prenez de la prêle, ou un morceau de toile neuve ; & frottez-le, pour le rendre doux.

Pour faire l'Assiette de l'Or & de l'Argent, propre à dorer d'une autre maniere.

Prenez un quarteron de bol fin bien choisi, qui happe à la langue, & qui soit gras sous la main. Mettez-le tremper dans de l'eau, pour le faire dissoudre : puis le broyez, y ajoutant, gros comme une aveline, de crayon de pierre de mine ; & gros comme un poix, de suif de chandelle, que vous préparez ainsi.

Faites-le fondre ; puis jettez-le dans de l'eau fraîche, & le maniez dedans, pour vous en servir. La grosseur d'un poix suffit à chaque broyée.

En broyant, on peut jetter un peu d'eau de savon parmi le bol. Cette composition étant broyée, vous la mettrez dans de l'eau claire, que vous changerez de tems en tems, pour la conserver.

Lorſque vous voudrez vous en ſervir, détrempez-le avec de la colle fonduë un peu tiéde : & ſi elle eſt auſſi forte que celle dont vous avez blanchi, vous y mettrez le tiers d'eau, & vous la mêlerez avec le bol, que vous rendrez de l'épaiſſeur de crême douce; puis vous l'appliquerez avec un Pinceau ſur votre ouvrage, en mettant trois ou quatre couches, que vous laiſſerez bien ſécher avant que d'en appliquer une autre. Étant tout ſec, avant que de dorer ou argenter, frottez un peu avec un linge doux.

Quand on veut faire ſervir cette aſſiette à l'or, il y faut ajoûter un peu de ſanguine.

Pour appliquer l'Or & l'Argent.

Mettez en égout la piéce que vous voulez dorer ou argenter ; mouillez-en un endroit avec un gros pinçeau trempé dans de l'eau claire : puis appliquez votre or, que vous aurez coupé fur un couffin de cuir. Il faut le prendre avec du coton, ou une palette de petit-gris. Tout étant doré, laiffez-le fécher, non pas au foleil ni au vent. Etant fuffifamment fec, bruniffez avec la dent de chien.

Pour voir s'il eft fec, éprouvez-en, paffant la dent en de petits endroits : fi elle ne coule pas aifément & qu'il s'écorche, c'eft une marque qu'il n'eft pas fec.

D'ailleurs, prenez garde qu'il ne le foit pas trop ; car il en donne plus de peine à brunir, & n'a pas tant d'éclat. Dans les grandes chaleurs, trois ou quatre heures fuffifent pour le fécher ; mais quelquefois il faut bien un jour & une nuit.

Pour matter l'Or.

Faites un vermeil avec de la

fanguine, un peu de vermillon & du blanc d'œuf bien bat-
tu ; broyez le tout enfemble fur
le marbre, & mettez-en dans
les renforcemens avec un pinceau fort délié.

Pour matter l'Argent.

Prenez du blanc de Serufe,
broyez-le à l'eau, puis détrempez-le avec de la colle de poif-
fon ou de gant fort claire : la
premiére eft la plus belle. On
l'applique avec le pinceau fur
les endroits qu'on veut matter.

POUR FAIRE L'OR
& l'Argent en Coquille.

JETTEZ des feuilles d'or fur
un marbre bien net, felon la
quantité que vous en voulez
faire ; broyez-le avec du miel
fortant de la ruche, ou pur,
jufqu'à ce qu'il foit extrémement doux fous la molette :

enfuite mettez-le dans un verre d'eau claire ; remuez-le & le changez jufques à ce qu'elle demeure claire. Il faut avoir pour un fol d'eau-forte, verfer votre or dedans, & l'y laiffer tremper deux jours ; puis on retire l'Or ; & cette eau-forte peut fervir une autre fois : c'eft de même pour l'Argent.

Quand on veut appliquer l'un & l'autre, il faut les détremper avec une ou deux gouttes d'eau un peu gommée ; &, pour le liffer mieux, que ce foit de l'eau de favon. Il eft bon auffi de mettre fous l'or un lavis de pierre de fiel ; il en paroît plus beau.

Il ne faut mettre de l'or & de l'argent dans les Mignatures, que le moins qu'il fe peut, excepté des filets tout-autour, parce que cela fent l'image de balle.

F I N.

TABLE

DES CHAPITRES
contenus dans ce Livre.

Des

O

Fin de la Table.

fans la permiſſion ou conſentement de l'Expoſant, ou de ceux qui auront droit de lui, à peine de quinze cent livres d'amende, & confiſcation des Exemplaires contrefaits, & de tous dépens, dommages & intérêts, ainſi qu'il eſt porté plus au long par ledit Privilége.

Regiſtré ſur le Livre de la Communauté des Marchands Libraires & Imprimeurs de la Ville de Paris, au mois de Juin 1673. Signé, THIERRY.

Achevé d'imprimer, ce ſeptiéme jour de Juin audit an.

Les Exemplaires ont été fournis.